JN273358

縄文時代の生業と社会

山本直人 著

同成社

まえがき

　日本列島の自然環境はひじょうに多様であり、こうした自然環境に適応した現代の人びとの生活も多様である。約7200年前の縄文海進最盛期以降の日本列島の自然環境は現在とそれほど大きくはかわっていないことがあきらかにされており、縄文時代の人びとの生活も多様であったことが推測できる。縄文時代の歴史の主題は人間と環境との相互関係およびその変遷であり、縄文時代全体の歴史像を再構築するためには、まず、日本列島の地域ごとに人間と環境のかかわりとその変遷過程を究明することが必要であると考えており、こうした視座に基づいてこれまで研究をすすめてきている。

　研究対象としている具体的な地域は、石川県南部（加賀地方）の手取川扇状地である。半径11～12 kmの手取川扇状地では縄文時代後期中葉から本格的な定住集落が形成されるようになり、後晩期の大きな集落遺跡が多数存在している。遺跡群のなかで中心的な役割をはたした野々市市御経塚遺跡は国史跡になっており、出土遺物も2010（平成22）年に国の重要文化財に指定されたばかりである。御経塚遺跡からわずか1.1 kmの距離にある金沢市新保本町チカモリ遺跡も国史跡に指定されており、その他にも晩期前半中屋式の標識遺跡である金沢市中屋遺跡、晩期後半長竹式の標識遺跡である白山市長竹遺跡、漆製品や木製品、種実などの植物質遺物が多数出土した金沢市中屋サワ遺跡や金沢市米泉遺跡などが密集している。新保本町チカモリ遺跡や中屋サワ遺跡から出土した遺物も国の重要文化財指定にむけた準備がすすめられている。このように良好な考古資料にめぐまれた手取川扇状地は面積的には狭いものの、縄文時代後晩期の地域社会を研究するうえで絶好のフィールドとなっている。

　本書は、こうした手取川扇状地における縄文時代後晩期の地域社会を解明することを目標としたものである。地域社会の生業形態と社会形態をあきらかに

し、その変遷過程を復元することによって地域史を再構成するための一助としたいと考えている。

　地域的には手取川扇状地に限定する一方で、研究方法は遺跡や遺物が内包する情報をひきだすために幅広くしている。発掘調査や形態学的研究といった考古学に固有の研究方法ばかりでなく、北陸の縄文時代研究がかかえる諸課題を解決するために文理融合の研究方法や民俗考古学的方法を採用し、自然科学の研究者との共同研究もおこなっている。

　なお、本書で主題とする地域社会という用語はもともと社会学の用語であり、縄文時代の研究でも1990（平成2）年頃から使用されはじめた用語である。筆者は地域社会を大小の二つにわけ、地形的にまとまった小さな地理的範囲に分布し、生活共同体が形成されていたと考えることができる遺跡群を小地域社会、地形的にまとまりのある大きな地理的範囲に存在し、部族に統合されていたと考えることができる小地域社会群を大地域社会とし、大地域社会が部族に相当するものと考えている。

　このような意味のもとでは、手取川扇状地の縄文時代後晩期社会は小地域社会に該当することになる。大地域社会については、縄文時代後晩期の遺跡の分布状況と土器型式群のひろがりから石川・富山の2県およびその周辺地域に居住する氏族が統合されて、その範囲を領域とする部族が形成されていたと現時点では想定している。また、遺跡の継続性や規模から手取川扇状地の遺跡群は部族の中でも中核的な役割をはたしていたと考えている。

　以下、各章において手取川扇状地の縄文時代後晩期の研究がかかえている諸課題を解決し、地域社会の成立から終焉にいたるまでの変遷過程を再構築していきたい。

目　次

まえがき

序　章　地域社会研究の目的と方法 …………………………… 1

第1節　地域社会という用語に関する覚書　2
1. 緒言　2
2. 歴史学における地域社会　3
3. 縄文時代研究における地域社会　5
4. 結語　9

第2節　研究の目的と方法　9
1. 研究史と課題の所在　9
2. 本書の目的と方法　12

第3節　手取川扇状地における後晩期の遺跡と自然環境　13
1. 縄文時代後晩期の土器型式編年と較正年代　13
2. 遺跡の時間的分布と空間的分布　17
3. 手取川扇状地の自然環境　17

第1章　打欠石錘の用途と漁労活動 …………………………… 23

第1節　打欠石錘の用途に関する民俗考古学的研究　24
1. 研究の目的と方法　24
2. 漁網錘・漁労錘の民具資料　25
3. 近代文献資料の漁網錘　28
4. 中世〜弥生時代の漁網錘　30
5. 縄文時代の漁網錘　38
6. 漁網錘の重量と編物石の重量　43

7. 打欠石錘の形態分類と重量　45
   8. 結論と今後の課題　50

　第 2 節　扇状地の河川における漁労活動　51
   1. 網漁と陥穽漁　51
   2. サケ・マス漁　53
   3. 今後の課題　54

第 2 章　植物質食料と打製石斧からみた生業活動……… 55

　第 1 節　自然科学的分析からみた植物質食料　56
   1. 研究の目的と方法　56
   2. 土壌水洗選別による植物質食料の検出　56
   3. 土器圧痕による植物質食料の検出　58
   4. 炭素・窒素安定同位体比分析による植物質食料の検出　59
   5. 残存デンプン粒分析による植物質食料の検出　63
   6. 結論と今後の課題　64

　第 2 節　打製石斧出土遺跡における生業活動　66
   1. 研究の目的と方法　66
   2. 打製石斧の出土遺跡と属性分析　67
   3. 打製石斧出土遺跡の類型化とその特徴　73
   4. 結論と今後の課題　75

　第 3 節　扇状地における植物採集活動と作物栽培　77
   1. 打製石斧による植物採集活動　77
   2. 打製石斧による作物栽培　78
   3. 今後の課題　78

第 3 章　環状木柱列の年代と機能・用途……………… 81

　第 1 節　掘立柱建物と環状木柱列　82
   1. 研究の目的と方法　82
   2. 北陸における建物の変遷　83

3. 御経塚遺跡における建物の変遷　87
　　　4. 米泉遺跡における建物の変遷　94
　　　5. 出現年代に関する考察　95
　　　6. 機能・用途に関する考察　97
　　　7. 建造要因に関する考察　98
　　　8. 結論と今後の課題　99
　　第2節　環状木柱列大型化の年代と要因　100
　　　1. 研究の目的と方法　100
　　　2. 調査成果の確認　101
　　　3. 大型化の年代に関する考察　111
　　　4. 大型化の要因に関する考察　116
　　　5. 結論　117

第4章　赤彩土器の発達と外来系土器の移入形態　121

　　第1節　縄文土器の赤彩と土器表面の色調　122
　　　1. 研究の目的と方法　122
　　　2. 土器型式ごとの赤彩と土器表面の色調　124
　　　3. 赤彩と土器表面の色調に関する考察　129
　　　4. 後晩期における再生観念　132
　　　5. 結論と今後の課題　134
　　第2節　晩期における外来系土器の移入形態　135
　　　1. 研究の目的と方法　135
　　　2. 晩期社会の基本形態と年代　136
　　　3. 亀ヶ岡系土器の出土状況と移入形態　137
　　　4. 突帯文系土器の出土状況と移入形態　142
　　　5. 遠賀川系土器の出土状況と移入形態　145
　　　6. 結論　147

第5章　後晩期の社会と地域社会　149

　　第1節　気候変動と土器型式の関係性　150

1.　研究の目的と方法　150
　　　2.　気候変動と歴史事象に関する諸説　150
　　　3.　気候変動と歴史事象に関する諸説の検討　156
　　　4.　土器型式と気候変動の関係性　157
　　　5.　今後の課題　159
　第2節　遺跡の動態からみた地域社会の変遷　159
　　　1.　地域社会の成立期　160
　　　2.　地域社会の安定期　161
　　　3.　地域社会の終焉期　162
　第3節　後晩期の社会形態と地域社会の位置づけ　164
　　　1.　後晩期の社会形態に関する諸説　164
　　　2.　後晩期社会での地域社会の位置づけ　166

終　章　手取川扇状地における縄文時代後晩期の地域社会 ………… 171

　第1節　結論　172
　　　1.　地域社会の生業形態　172
　　　2.　地域社会の社会形態　173
　　　3.　地域社会の変遷過程　174
　第2節　今後の課題と展望　176

引用文献　177
初出一覧　189
あとがき　191
索　引　193

図表目次

表目次

表1　北陸における縄文時代後晩期の土器型式編年表 …………………… 14
表2　手取川扇状地における縄文時代後晩期の遺跡一覧表 ……………… 19
表3　管状土錘重量分布表 ………………………………………………… 37
表4　加賀地方の漁網錘出土遺跡一覧表 ………………………………… 39
表5　切目石錘重量分布表 ………………………………………………… 43
表6　御経塚遺跡の土器付着炭化物の炭素・窒素安定同位体比分析結果 …… 60
表7　手取川扇状地における打製石斧出土遺跡一覧表 ………………… 68
表8　打製石斧・調査面積・縄文土器の関係表 ………………………… 73
表9　御経塚遺跡における赤彩と土器表面色調の関係表 ……………… 124

挿図目次

図1　手取川扇状地における縄文時代後晩期の遺跡分布図 …………… 18
図2　輪島市立民俗資料館の漁網錘資料ほか …………………………… 26
図3　管状土錘形態分類図 ………………………………………………… 31
図4　石川県の管状土錘出土遺跡分布図 ………………………………… 32
図5　管状土錘実測図1 …………………………………………………… 33
図6　管状土錘実測図2 …………………………………………………… 34
図7　加賀地方の漁網錘出土遺跡分布図 ………………………………… 39
図8　土器片錘・切目石錘・有溝石錘実測図 …………………………… 40
図9　切目石錘実測図 ……………………………………………………… 41
図10　打欠石錘実測図 …………………………………………………… 47
図11　御経塚遺跡の土器付着炭化物の炭素・窒素安定同位体比 …… 61
図12　御経塚遺跡の土器付着炭化物の炭素安定同位体比と炭素／窒素比 … 61
図13　土器付着炭化物の炭素・窒素安定同位体比 …………………… 62
図14　土器付着炭化物の炭素安定同位体比と炭素／窒素比 ………… 62
図15　打製石斧の刃部による形態分類図 ……………………………… 67

図16	手取川扇状地における打製石斧出土遺跡分布図	69
図17	打製石斧実測図	70
図18	御経塚遺跡の方形建物・亀甲形建物	84
図19	御経塚遺跡の円形建物	85
図20	加賀地方北部における縄文後期末〜晩期の建物の類型と変遷	86
図21	御経塚遺跡の発掘調査区位置図	88
図22	御経塚遺跡中屋式期の建物分布図	90
図23	御経塚遺跡下野式期の建物分布図	92
図24	御経塚遺跡長竹式期の建物分布図	93
図25	米泉遺跡の建物分布図	95
図26	新保本町チカモリ遺跡の環状木柱列平面図1	102
図27	真脇遺跡の環状木柱列平面図1	104
図28	米泉遺跡の環状木柱列平面図	106
図29	桜町遺跡の環状木柱列平面図	108
図30	真脇遺跡の環状木柱列平面図2	110
図31	新保本町チカモリ遺跡の環状木柱列平面図2	113
図32	中屋サワ遺跡の縄文土器実測図1	138
図33	中屋サワ遺跡の縄文土器実測図2	140
図34	手取川扇状地の突帯文系土器実測図	143
図35	手取川扇状地の遠賀川系土器実測図	146
図36	炭素14生成率の変動図	153
図37	較正曲線と日本列島における水田稲作の拡散図	155

序　章
地域社会研究の目的と方法

第1節　地域社会という用語に関する覚書

1. 緒言

　本書で主題としている地域社会という用語はもともと社会学の用語であり、その定義を辞典や辞書でみていくと、社会学の辞典では「一定の地域的な広がりとそこに居住する人びとの帰属意識によって特徴づけられる社会」・「community, regional society, local society」（濱嶋・竹内・石川編　2005：424頁）、「一定の地理的空間を基礎に成立する社会システム」・「local community, regional community」（宮島編　2003：166頁）と定義されている。また、辞書では「一定の社会的特徴をもった地域的範囲の上に成立している生活共同体」（新村編　1969：1418頁）、「一定の地域的範囲の上に、人々が住む環境基盤、地域の暮し、地域の自治の仕組みを含んで成立している生活共同体」（新村編　1998：1700頁）と定義されている。

　上記のような意味をもつ地域社会という用語が歴史研究をはじめとして縄文時代研究でも使用されている。しかしながら、意味を明確にしてつかっている研究者はごく少数で、しかも研究者によってその定義が異なっているのが実情である。こうした現状をふまえて、各研究者がつかっている地域社会の定義や意味を確認することを本節の目的としている。最初に、歴史学において地域社会という用語がつかわれるようになった時期や経緯、その定義や意味をみていく。つぎに、縄文時代研究についても同様にみていくことにする。

2. 歴史学における地域社会

（1）浅香年木氏の日本古代地域史における地域社会

　浅香年木氏は、『古代地域史の研究』（浅香 1978）の中で、1970年代（昭和40年代後半～昭和50年代前半）に日本史学のあらたな研究動向の一つとして注目されていたのは、「いわゆる『地方史』の研究姿勢の欠陥を指摘し、『中央史』の存在を前提にした『地方史』の概念を拭い去ろうとする提言」（浅香 1978：4頁）であり、「それぞれの地域群を対象にした新たな『地域史』の研究を深めることによって、日本史全体の歴史像を再構築しようとする姿勢」（4頁）であると指摘している。

　こうした地域史を確立するためにもっとも重要な課題は、「地域社会を歴史的に形成し発展させて行く在地諸階層の主体的な行動の諸過程を、いわゆる『中央』からの視角ではなく、地域社会に根をおろした、いわば『土着の視座』から丹念に掘りおこし、正当に評価して行く作業」（4頁）や、「地域の歴史がもつ相対的な意味での自主性・主体性の評価を基本的な課題とし、地域社会にとって『中央』の権力が何であったかを問いなおす作業」（4頁）であると指摘している。そして「日本海沿岸域の中心部をなすコシ＝北陸道を、日本の古代社会において特有の形成と変革の運動を続けてきた、一つの共通性をもつ地域群として設定し、（中略）コシ＝北陸道における古代の諸段階の重要と目される諸問題について検討を試み」（5頁）ている。

　『古代地域史の研究』の中では地域社会の意味については言及されておらず、浅香氏がどのように定義していたのかは不明である。多義的な意味をもつ社会という用語には国家に対立する社会という意味があり、国家成立以降の日本古代史の研究においてはその意味で使用される場合が多いので、浅香氏もその意味でつかっていると推測している。

　また、浅香氏は1977（昭和52）年6月には富山県を拠点にする『北日本新

聞』に「地域史への一つの発言」という一文を寄稿している（浅香 1988：9〜12頁）。この文章の中では地域社会という用語はつかわれていないものの、上記の主張が一般むけに平明にのべられている。

（2）森正夫氏の中国明清時代史における地域社会

　1981（昭和56）年8月25日から8月27日までの3日間、名古屋大学文学部東洋史学研究室の森正夫氏が中国史シンポジウム『地域社会の視点―地域社会とリーダー』を開催している（森 1982）。このシンポジウムの基調報告の中で、森正夫氏は「従来の階級分析の方法のみに安易によりかかっているだけでは、私たちの今日的な人間としての課題と中国前近代史研究とが乖離を強めていくのではないか。あえて逆説的に言えば、従来の階級分析の方法のみでは、今日の階級的性質をもつ諸課題と中国前近代史研究との接点を見出すこともかえって困難となるのではないか」（森 1982：204頁）という問題意識のもと、方法概念としての地域社会の視点を導入する必要性を主張している。

　また、森氏は地域社会という用語のつかわれ方には実体概念と方法概念の二つの場合があることを指摘し、実体概念としての地域社会を「実体としての地域的な枠組と直接的に対応する」（204頁）もので、「一定の具体的な地理的界限をともなったもの」（204頁）としている。また、方法概念としての地域社会を「人間が歴史的に形成してきた社会を把握するための方法に関する概念」（204頁）、「広い意味での再生産の場としての、人間が生きる基本的な場を総括的に把握するための方法概念」（205頁）としている。

　そして方法概念としての地域社会を「階級的矛盾、差異を孕みながらも、広い意味での再生産のための共通の現実的課題に直面している諸個人が、共通の社会秩序の下におかれ、共通のリーダー（指導者、指導集団）のリーダーシップ（指導）の下に統合されている地域的な場」（205頁）、「固有の社会秩序に貫かれた地域的な場であり、意識の領域をも包括した意味での地域的な場」（205頁）と規定している。

　地域社会の視点の特徴については、「対立し、差異をもつ諸個人が、他方で

統一され、共同している、その統一・共同の契機に、意識の領域をも含めて注目しながら、地域的な場をとらえることにある。対立物の統一の契機・構造を、意識の領域をも含めて、徹底的に考えていくことにある」(205頁)とのべている。

その後、1981年の中国史シンポジウムでの問題提起に対する批判や反省をふまえ、科学研究費をうけて中国史における地域社会論を進展させている。その成果報告書の中で、森正夫氏は中国史シンポジウムの問題提起と概念規定を簡略にまとめなおしている（森編 1994）。「現代を生きつつ中国史、あるいは広く歴史を研究するわれわれが、人間が直面する諸課題の形成の契機とその解決の方途をどのように認識するかという点について、反省的な検討を行おうと試みたもの」（森編 1994：1頁）で、「70年代の末までは、経済的契機とそれに基づく階級分析の視点の規定性を過度に認めた形で、中国史あるいは歴史研究を進めてきたことを見直そう」（1頁）としたものである。そして「生命の生産と再生産が営まれる場、広い意味での再生産の場というものを、人間の生きる基本的な場として改めて表現し、この"場"を、当時ようやく用いられ始めるようになってきた"地域社会"という概念にまとめ（中略）この"地域社会"という概念を、方法概念として用いてはどうかということを問題提起いたし（中略）広い意味での再生産の場、人間の生きる基本的な場というものを総括的に表現する方法概念が"地域社会"であるという風に設定」（1頁）したと記述している。

3. 縄文時代研究における地域社会

（1）渡辺仁氏の場合：village・local group・community の訳語としての地域社会

渡辺仁氏は、1980年代末に発表した論文や1990（平成2）年に刊行した単著の中で地域社会という用語をもちいているが、特段の説明はなく、以下のように英語を併記しているだけである。

「農耕創始者としての退役狩猟者層　民族誌的情報にもとづく生態学的モデル」（渡辺 1988a）では、「農耕システムのソフトウエア部分の担当者即ちその管理・運営に当たる指導者達とは地域社会（villages or local groups）のリーダー、つまり首長（headman or chief）と長老達（elders）であり、女性耕作者型狩猟採集民ではそれは退役狩猟者中の能力者である」（渡辺 1988a：20頁）としるしている。また、「狩猟採集民には、生態的事情に応じて、同一地域社会（village, local group）内部で、ライフサイクルの段階による住居の安定の変異、いゝかえると非老年層が遊動生活を営む一方でその期間老年層は基地に残留して定住生活を営むというケースが起り、而もそれが極めて一般的なことである」（27頁）と記述している。

「農耕化過程に関する土俗考古学的進化的モデル」（渡辺 1988b）では、「狩猟—農耕社会或いはそれに近い原始農耕社会では、それ故に、地域社会（village or local group）の知的エリート即ち首長（headman, chief, leader）或いは長老達の掌握・担当するところとなっている」（渡辺 1988b：3頁）としている。

『縄文式階層化社会』（渡辺 1990・2000）の中では地域社会という用語が頻繁にもちいられているものの、確認できたかぎりでは、序言から第1部で地域社会と英語が併記されているのは1個所だけである。「現生北方民の間でさえも最も高度な専門的狩猟 specialized hunting とされるクマ猟が、縄文人の間で社会に根づいた伝統的行動となっていたことは、狩猟の特殊化（専門化）specialization が起っていたこと、即ち狩猟系家族と非狩猟系家族の分化した地域社会 community があったことのあかしともいえる」（渡辺 2000：74頁）と記述している。

（2）筆者の場合：生活共同体としての地域社会

浅香年木氏や森正夫氏の著書・論文を参考にして地域社会研究をすすめているが、国家が成立していた日本古代や中国明清時代とその存在のない縄文時代ではおのずと用語のつかい方が異なってくる。それで筆者は「一定の社会的特

徴をもった地域的範囲の上に成立している生活共同体」(新村編 1969：1418頁)という一般的な意味で使用している。

　すなわち、地形的にまとまりのある地理的範囲に分布して生活共同体を形成していると考えられる遺跡群を地域社会として把握し、遺跡・遺物によって生活共同体の実態と変遷を解明して縄文時代の地域史を再構成しようとするものである。このような考えに基づいて、石川県南部の加賀地方をながれる手取川流域を対象に「縄文時代の地域社会論に関する一試論―手取川水系を中心にして―」と題する論考を発表している(山本 1990)。また、おなじ考えに基づき、2005(平成17)年には『縄文晩期〜弥生中期の地域社会の変容過程』と題するシンポジウムを主催している(山本編 2005)。

(3) 谷口康浩氏の場合：community の訳語としての地域社会

　谷口康浩氏は『現代考古学事典』の「領域」の項目を担当し(谷口 2004)、その中で「ジョージ・ピーター・マードックは community を『ふつう、対面的な結びつきのなかで共住する人びとの集団であって、その最大のもの』と定義している。(中略)community は一般に『共同体』と訳されるが、地域という基盤の上に組織された集団という本質を表現するには『地域社会』の訳語の方が適切である」(谷口 2004：428頁)とし、社会集団と領域の階層的な多重性を以下のように整理している(429頁)。

　　地域社会：対面的な結びつきのなかで共住する人びとの集団であって、その最大のもの。一定の領域を基盤として土地の用益権をもつ主体者となり、その開発・維持を行う。完結性・自律性をもったセトルメントシステムの主体者として必須の概念である。

　　単位集団：地域社会の内部にあって、個別的な生産、機能を分担する集団(サブ・グループ)。個々のセトルメントに対応する。近藤義郎は共同体(地域社会)を構成する個別的な生産単位としての世帯を念頭に単位集団を定義したが、ここでいう「単位集団」とはそのような一定の性格を指すものではなく、個々のセトルメントを残したあらゆるサブ・グループに

対応しうる概念としたい。つまり、家族のような親族単位の場合もあれば、ジェンダー・年齢的な分業に対応することもあり、また季節的に編成される内集団も含まれ、メンバーはかならずしも固定しない。

　　　地縁集団：複数の地域社会が結びついてより大きな地域集団を形成している場合がある。たとえば部族などの地域集団がそれであるが、組織原理や規模はさまざまであり、一定の概念で規定することはむずかしい。やや便宜的になるが、一定の地域を領域とする地域社会群の意味で地縁集団と称しておく。

この文章はほぼそのまま『環状集落と縄文社会構造』（谷口 2005：139～141頁）に再掲載されているので、これが谷口氏の考えと筆者は判断している。

これ以前でも地域社会を「環状集落の空間構成」（谷口 2001）の中で使用しているが、用語の説明はみられない。この論考を加筆・修正して『環状集落と縄文社会構造』に再掲する時に註で解説をくわえている（谷口 2005：71頁）。また、「縄文時代の領域」（谷口 2002：29・31頁）では community を地域社会とする一方で、小林達雄氏の社会統合体にあたるものをもっとも基礎的な地域社会と考えているとのべている。

（4）田中良之氏の場合：部族としての地域社会

『骨が語る古代の家族』（田中 2008）の中で、田中良之氏は縄文時代には「定住性が高まり、地域社会を形成するようになる」（田中 2008：168頁）とし、「縄文時代のある段階以降は部族社会であり、後期以降は同じ祖先と系譜をもつ氏族に分割され、それが部族へと統合されて地域社会を形成していた可能性が高い。そうすると、地域社会すなわち部族は複数の氏族が構成し、集落は氏族の分節である出自集団が複数で構成することになり、その統合は祭祀などで行ったことが想起される」（171頁）としている。

また、「農業共同体や家族経営成立以前の『共同体』とは、親族集団そのものであることはいうまでもない」（30頁）と明快にのべており、これにしたがえば縄文時代の共同体も親族集団ということになる。

4. 結語

 歴史学では1970年代から地域社会という用語がつかわれるようになり、1981年に中国史学者の森正夫氏が地域社会という用語を歴史学の方法論として本格的に導入した。縄文時代の研究では1990年頃から本格的につかわれはじめ、10年間あまり年数をおいて2000年代にはいってから頻繁に使用されるようになっている。この用語が日本史学や日本考古学に波及していった一側面として、森正夫氏の研究にふれる機会のあった研究者が地域社会を本来の意味にひきもどし、森氏の方法概念とは異なる定義のもとで各時代の地域社会論を展開した（山本1990、羽賀1998）こともあると推測している。

 最後に、現時点での筆者の考えをのべておくと、田中良之氏が指摘するように部族は地域社会であるが、地域社会はかならずしも部族とはかぎらない。そこで、地域社会を大小の二つにわけ、地形的にまとまった小さな地理的範囲に分布し、生活共同体が形成されていたと考えることができる遺跡群を小地域社会、地形的にまとまりのある大きな地理的範囲に存在し、部族に統合されていたと考えることができる小地域社会群を大地域社会としている。

第2節　研究の目的と方法

1. 研究史と課題の所在

（1）研究史

 縄文時代後晩期の地域社会に関する研究らしい研究は皆無であるが、高堀勝

喜氏が若干言及している（高堀 1965）。西日本では「縄文晩期にすでに遺跡の低地進出がはじまっており、このような遺跡のありかたは、採集生活のわくをこえたものであろうとされている。しかし、手取扇状地では打製石斧は大量に使用されているが、新しい生産の開始をつげるような遺物は発見されておらない」（高堀 1965：148頁）と指摘している。この傾向は晩期後半でも同様で、「遺物については前代の継承にすぎないのである。この事実は、北陸の晩期文化が発展性をうしなって、停滞していたことを暗示するのではあるまいか」（148頁）とのべている。また、御物石器、独鈷石、石冠などのような「特異な呪術的石器のもちいられた北陸の晩期は、一面では転換期の様相をみせながら、自力で新生面を打開できなかった、後進的性格もしめしているのである」（149頁）としている。

　この高堀氏の考えはその当時流布していた学説を援用したものである。すなわち、1960年代に刊行された日本考古学や日本史の概説書などでは、縄文・弥生移行期の水田稲作の導入について、一般に晩期ゆきづまり説で解釈されることが多かった。たとえば、坪井清足氏は「縄文文化は後期以降それ自身の生産力の限界によって発展性を失い、停滞的な社会をいとなんでいた（中略）これにピリオドをうたせたのは、大陸よりあらたな水稲耕作の技術をともなって波及した金属文化であった」とのべている（坪井 1962：135頁）。また、和島誠一氏は、採集経済段階にあった縄文時代晩期においては、「労働用具が発達して能率的になり、獲物にめぐまれて人口が増加し、さらに大規模で効果的な自然物の採集がおこなわれれば、やがて濫獲が自然の増殖率をうわまわり、ゆきづまらざるをえない矛盾をはらんでいる。当時として自然的資源にめぐまれていた東日本にたいして資源の貧弱な西日本が、（中略）そうした矛盾をよりつよく感じる地域であったためであり、（中略）そうした西日本の縄文晩期社会の内在的矛盾がこの時期に稲作の導入という形でおこなわれた生産経済への転換を必要にし、また同時になんらかの植物の栽培がおこなわれたことは、それを可能にした条件であったことを意味するものであろう」とのべている（和島 1966：11頁）。

縄文時代晩期の社会は呪術が支配し、発展性をうしなった停滞的な社会で、労働用具が発達して乱獲がすすみ、矛盾が進行してゆきづまっていた。そうした状況のときに、北部九州につたわった水田稲作農耕は食料資源の枯渇していた西日本に急速にひろがり、50年もかからないうちに若狭湾と伊勢湾をむすぶ地域、愛知県西部あたりまで急速にひろまったという図式で、縄文時代から弥生時代にかけての水田稲作のひろがりが説明されてきた。

　しかしながら、1960年代末以降、縄文時代の生業や経済基盤に関する実証的研究がすすめられていき、とくに1970年代に大きな進展をみせた（渡辺1973a・1975）。それによって晩期ゆきづまり説は1980年代には急速に衰退し、そのように考える研究者はきわめて少なくなっている。また、期間的にも半世紀、50年という年数も刷新され、愛知県西部や石川県まで拡大するのに400〜500年ぐらいの年数をついやしている（山本 2003a・2007ab、小田・山本 2003）。

（２）課題の所在

　本書で対象としている手取川扇状地は、金沢市街地の西南域にひろがっていることもあってか、石川県内で現在もっとも開発がおこなわれている地域である。1970年代の高度経済成長期以降、ここ40年あまりの間に、道路建設、工場用地造成、宅地造成、ほ場整備、都市区画整理事業など大規模な開発がつづいている。それにともない周知の遺跡はもちろんのこと、事前の試掘調査であらたに発見された遺跡の発掘調査が実施されている。これまでしられていなかった重要な遺構や遺物があいついで発見されているが、それと表裏をなす形で、記録保存という言葉とひきかえに多数の遺跡が消滅していっていることも厳然たる事実である。

　考古学をとりまく学問環境がこのような状況のなかで、増加した発掘調査資料や自然科学的分析方法によるあらたな知見のもとで解決しなければならない喫緊の課題は三つあると考えている。第一は縄文時代後晩期の地域社会の生業形態をあきらかにすることである。第二は縄文時代後晩期の地域社会の社会形

態をあきらかにすることである。第三は縄文時代後晩期の地域社会の変遷過程をあきらかにすることである。

2．本書の目的と方法

(1) 本書の目的

前節で指摘した課題をうけて、本書では以下の3点を目的としている。重複することになるが、明記しておきたい。

第一に、手取川扇状地における縄文時代後晩期の地域社会の生業形態をあきらかにすることである。

第二に、手取川扇状地における縄文時代後晩期の地域社会の社会形態をあきらかにすることである。

第三に、手取川扇状地における縄文時代後晩期の地域社会の成立から終焉までの変遷過程をあきらかにすることである。それによって地域史を再構成するための一助としたいと考えている。

(2) 本書の方法

こうした目的を達成するためには、より具体的で、細かな諸課題を解決することが必要となり、それらを以下に列挙する。

生業形態に関する課題は二つあり、第一は漁労活動を復元するうえでの魚骨遺体の検出と打欠石錘の用途の解明である。第二は農耕をふくむ作物栽培や植物採集活動を復元するうえでの植物質食料の検出と打製石斧の用途の解明である。

社会形態に関する課題は五つあり、第一は環状木柱列が出現する年代と機能・用途、大型化する年代と要因をあきらかにすることである。第二は土器工芸の技術水準を把握するために赤彩土器と土器表面色調の関係をあきらかにすることと、赤彩と黒色化処理の意味をときあかすことである。第三は亀ヶ岡系

土器、突帯文系土器、遠賀川系土器といった外来系土器の移入形態をあきらかにすることである。第四は社会や土器型式の変化と気候変動の関係性を解明することである。第五は縄文時代後晩期の社会のなかでの地域社会の位置づけを明確にすることである。

　第1章から第5章において上記の諸課題を個別に解決し、それらをうけて終章で手取川扇状地における縄文時代後晩期の地域社会の生業形態と社会形態、変遷過程をあきらかにしていく。

　また、縄文時代の研究では、他の研究者の考えを要約したものがまちがっている論文や報告をよく目にするので、本書ではできるだけ直接引用して誤読をさけたいと考えている。

第3節
手取川扇状地における後晩期の遺跡と自然環境

1. 縄文時代後晩期の土器型式編年と較正年代

（1）縄文時代後晩期の土器型式編年

　高堀勝喜氏（高堀 1986）をはじめとして西野秀和氏（西野 1989）、南久和氏（南 1989）、米沢義光氏（米沢 1989）、吉田淳氏（吉田 2009）、久田正弘氏（久田 2012）らによってすすめられてきている。研究者によって編年観に若干の相違はみられるものの、先学の研究を参考に本書では表1の編年観のもとで記述していく。なお、長竹式に後続する土器型式として弥生時代前期末に柴山出村式が設定されており、縄文時代後晩期の遺跡が柴山出村式まで存続してそこで終焉をむかえるものが多いことから、表1では柴山出村式もふくめて記載している。

表1　北陸における縄文時代後晩期の土器型式編年表
（設楽 2004 を参考にして吉田 2011 を加筆・修正）

時期		較正年代（cal BC）	土器型式名		
	地域		石川	関東・東北	近畿
縄文後期	前葉	約2500～約2300	中津・前田	称名寺（関東）	中津
		約2300～約1900	気屋Ⅰ 気屋Ⅱ	堀之内1（関東） 堀之内2（関東）	福田K2
	中葉	約1900～約1700	馬替	加曽利B1（関東）	桑飼下
		約1700～約1500	酒見	加曽利B2（関東） 加曽利B3（関東）	一乗寺K 元住吉山Ⅰ
	後葉	約1500～約1400	井口Ⅱ（古） 井口Ⅱ（新）	安行1（関東）	元住吉山Ⅱ 宮滝
		約1400～約1300	八日市新保1 八日市新保2	安行2（関東）	滋賀里Ⅰ
縄文晩期	前葉	約1300～約1100	御経塚1 御経塚2 御経塚3	大洞B1（東北） 大洞B2（東北） 大洞B-C1（東北）	滋賀里Ⅱ 滋賀里Ⅲ 篠原（古）
	中葉	約1100～約900	中屋1 中屋2 中屋3	大洞B-C2（東北） 大洞C1（古）（東北） 大洞C1（新）（東北）	篠原（中） 篠原（新） 篠原（新）
	後葉	約900～約800	下野1 下野2	大洞C2（古）（東北） 大洞C2（新）（東北）	滋賀里Ⅳ 口酒井
		約800～約500	長竹1 長竹2	大洞A1（東北） 大洞A2（東北）	船橋 長原・Ⅰ（古）
弥生前期	末	約500～約400	柴山出村	大洞A'（東北）	Ⅰ（中）

（2）縄文時代後晩期の較正年代

　筆者は、1996年以降、土器型式が明確な縄文土器に付着した炭化物を試料にして加速器質量分析（Accelerator Mass Spectrometry：AMS）で炭素14年代測定をおこない、較正年代を土器型式に付与する研究をすすめてきている（山本1999、小田・山本2001、山本2007b）。測定数が増加して大雑把ながらも各土器型式の較正年代を把握できる状況となった段階で、較正年代あるいは

それに基づいた絶対年代を公表してきた。

2003年3月段階では、小田寛貴氏の協力をえて「加曽利B1式は4100～4000年前、酒見式は4000～3800年前、井口Ⅱ式は約3750～3300年前、八日市新保式は3650～3450年前、御経塚式は約3300年前、中屋式は3300～2900年前、下野式は、資料は2点であるが、3000～2650年前」（小田・山本 2003：113頁）と発表した。

2006年11月段階においては、馬替式が3800～3700年前頃、酒見式が3700～3500年前頃、井口Ⅱ式が3500～3350年前頃、八日市新保式が3350～3300年前頃、御経塚式が3300～3200年前頃、中屋式が3200～2900年前頃、下野式が2900～2700年前頃、長竹式が2700～2500年前頃という絶対年代を提示している（山本 2006）。

その後も、野々市市御経塚遺跡や金沢市中屋サワ遺跡の縄文土器、小松市八日市地方遺跡の弥生土器に付着した炭化物のAMS炭素14年代測定をすすめ、測定結果を公表してきている（工藤・小林ほか 2008ab、小林・福海ほか 2009、小林・坂本ほか 2009、藤尾 2009b）。

現在のところ土器型式の較正年代については、小林謙一氏の全国的な較正年代観（小林 2008）も参考にしながら以下のように考えている（表1）。とくに後期については良好な測定値が少ないことから、土器型式の並行関係をもとに小林謙一氏が提示している較正年代をあてはめている。

 縄文後期 中津式・前田式：約2500～約2300 cal BC
      気屋式：約2300～約1900 cal BC
      馬替式：約1900～約1700 cal BC
      酒見式：約1700～約1500 cal BC
      井口Ⅱ式：約1500～約1400 cal BC
      八日市新保式：約1400～約1300 cal BC
 縄文晩期 御経塚式：約1300～約1100 cal BC
      中屋式：約1100～約900 cal BC
      下野式：約900～約800 cal BC

　　　　　　　　長竹式：約800〜約500 cal BC
　弥生前期　柴山出村式：約500〜約400 cal BC
　さらに、土器型式の年代幅を単純に二等分あるいは三等分し、細分された土器型式に便宜的にあてはめると以下のようになる。
　縄文後期　中津式・前田式：約2500〜約2300 cal BC
　　　　　　気屋Ⅰ式：約2300〜約2100 cal BC
　　　　　　気屋Ⅱ式：約2100〜約1900 cal BC
　　　　　　馬替式：約1900〜約1700 cal BC
　　　　　　酒見式：約1700〜約1500 cal BC
　　　　　　井口Ⅱ式（古）：約1500〜約1450 cal BC
　　　　　　井口Ⅱ式（新）：約1450〜約1400 cal BC
　　　　　　八日市新保1式：約1400〜約1350 cal BC
　　　　　　八日市新保2式：約1350〜約1300 cal BC
　縄文晩期　御経塚1式：約1300〜約1240 cal BC
　　　　　　御経塚2式：約1240〜約1170 cal BC
　　　　　　御経塚3式：約1170〜約1100 cal BC
　　　　　　中屋1式：約1100〜約1040 cal BC
　　　　　　中屋2式：約1040〜約970 cal BC
　　　　　　中屋3式：約970〜約900 cal BC
　　　　　　下野1式：約900〜約850 cal BC
　　　　　　下野2式：約850〜約800 cal BC
　　　　　　長竹1式：約800〜約650 cal BC
　　　　　　長竹2式：約650〜約500 cal BC
　弥生前期　柴山出村式：約500〜約400 cal BC
　なお、土器型式の較正年代の大半は型式間で重複がない形でしるしているが、重複していることも予想され、今後の研究の進展をまって訂正していきたい。

2. 遺跡の時間的分布と空間的分布

手取川扇状地において縄文時代の遺跡が出現するのは後期からで、後晩期の遺跡は現在のところ 45 遺跡確認されている（図 1、表 2）。

図 1 は遺跡の位置をしめしたもので、遺跡番号 1・5・24・25・49・50 の 6 遺跡は厳密な意味では手取川扇状地の遺跡ではないので、表 2 では除外している。図 1 をもとに空間分布をみると、扇央稜線を境にして遺跡の分布は大きくかわっており、その北側は遺跡が密集するものの、南側では遺跡がほとんどみられないといった状況である。

表 2 は遺跡の土器型式ごとの存続期間をしめしたものである。●印は住居跡や土坑が確認され、遺物の出土量が多い土器型式をあらわし、〇印は土坑が確認され、遺物が少量出土した土器型式を、△印は遺物が少量出土する土器型式をあらわしている。遺跡はすべて調査されているわけでないので、調査の進展によって〇が●に、△が〇になる可能性はあるが、全体的な状況は今後も大きくはかわらないと判断している。

この地域の拠点集落である御経塚遺跡を中心に主要な集落遺跡の位置関係を確認すると、新保本町チカモリ遺跡は北北東 1.1 km に位置し、米泉遺跡は東へ 2.1 km の所にある。西側に目をむけると、北西 1.7 km に中屋遺跡が、西北西 1.6 km に中屋サワ遺跡が位置している。また、御経塚シンデン遺跡は西北西 400 m の所に隣接している。

3. 手取川扇状地の自然環境

手取川は石川県と岐阜県の県境にそびえる霊峰白山に源を発し、流程 60 km におよぶ石川県下最大の河川である。尾添川・大日川・瀬波川・直海谷川の 4 支流を合流させながら北流し、山間部から平野部へうつる旧石川郡鶴来町（現白山市）付近で流路を大きく西にかえ、日本海にそそいでいる。

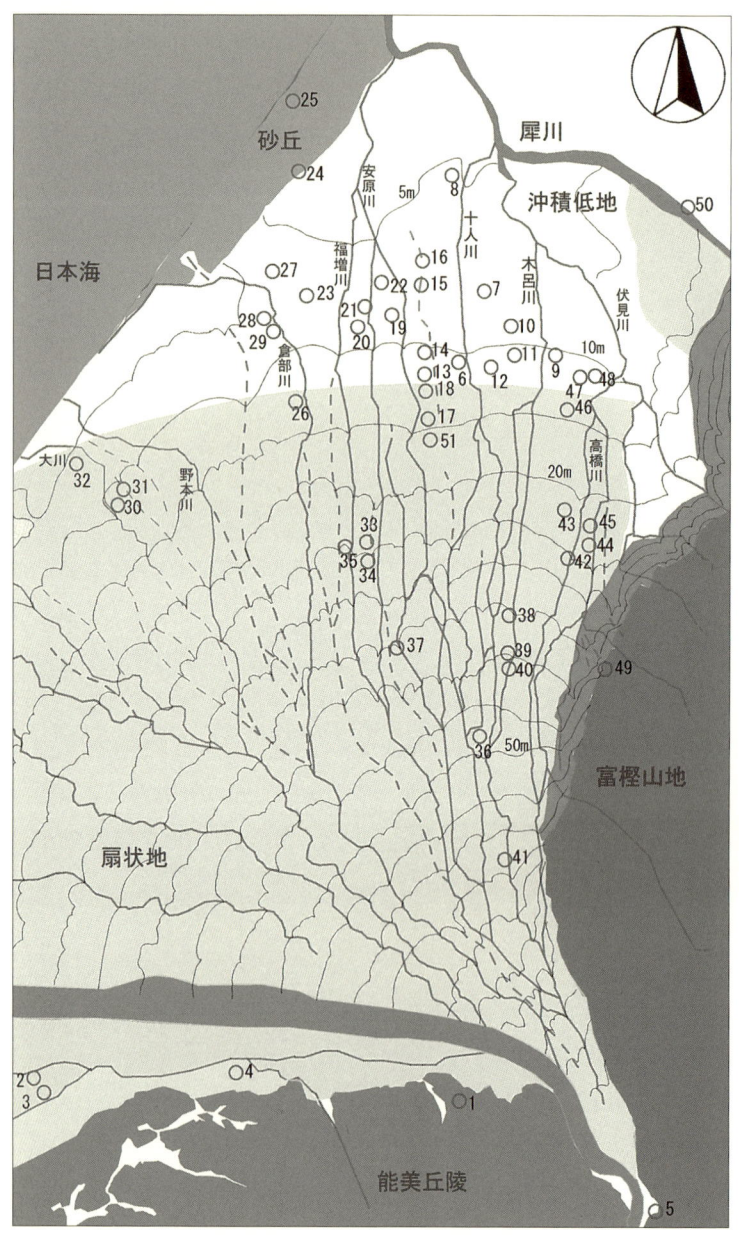

18　序　章　地域社会研究の目的と方法

図1　手取川扇状地における縄文時代後晩期の遺跡分布図

第3節　手取川扇状地における後晩期の遺跡と自然環境　19

表2　手取川扇状地における縄文時代後晩期の遺跡一覧表（吉田 2011 を加筆・修正）

遺跡番号	遺跡名	縄文後期					縄文晩期				弥生前期
		前葉	中葉		後葉		前葉	中葉	後葉		末
		気屋式	馬替式	酒見式	井口Ⅱ式	八日市新保式	御経塚式	中屋式	下野式	長竹式	柴山出村式
2	徳久・荒屋		△	△	△	△	△	△	△	△	
3	下開発					△	△	△	△	△	
4	岩内ハチマンダ地区						○				
6	御経塚			●	●	●	●	●	●	●	△
7	新保本町チカモリ					○	●	●	●	○	
8	北塚	△	△	△	△	△	△				
9	押野西										△
10	八日市ヤスマル								△		
11	八日市サカイマツ					△					
12	八日市B		△								
13	御経塚オッソ			○			○				
14	御経塚シンデン		○	○							△
15	矢木ヒガシウラ								△		
16	矢木ジワリ										○
17	二日市イシバチ						△		△		
18	長池ニシタンボ								△		
19	上荒屋						△	△			
20	横江庄						△	△	△	△	
21	中屋サワ						●	●	●		
22	中屋						△	●	○		
23	八田中ヒエモンダ							○			
26	宮永雁堀						△	○			
27	八田中							△		△	●
28	一塚イチノツカ				○	○					
29	旭遺跡群（一塚地区）				○	○					
30	北安田北									△	
31	北安田キタドウダ							△	△		
32	徳光ジョウガチ										△
33	乾									●	●
34	長竹								○	○	
35	中奥長竹									○	
36	安養寺上林										○
37	末松										△
38	粟田							△	△		
39	下新庄アラチ					△	△				
40	上林新庄					△	△				
41	井口					△					
42	馬替		○								
43	富樫館跡ノダ地区			●				△			
44	扇台				△			△	△		
45	扇ヶ丘ハワイゴク				○			○			
46	押野タチナカ				○			△			△
47	押野大塚	○	△								
48	米泉			●	○	○	△	●	△		
51	三日市A		△					△	△		
	遺跡数合計	2	6	9	7	12	13	16	18	17	11

手取川扇状地は、この手取川の下流域に形成された扇状地である。旧鶴来町を扇頂として北西にほぼ110度ひらき、半径は11～12kmで、石川平野の主要部分をしめている。

　手取川はその流れを七度かえたといわれ、その河川跡であるとつたえられている七ケ用水をはじめとして、それらから派生する中小河川が扇状地を貫流している。そのため、遺跡の立地する微高地は中小河川にはさまれるような形で扇頂部から扇端部にむけて細長い島状地帯を形成している。島状微高地の土質は、扇状地という土地柄、砂質土や砂混じりの土を基本としているが、粒子の細かな粘質土の堆積層がみられる場合もある。

　浅香年木氏は、手取川扇状地について「現在のような穀倉の景観ができあがるのは、中世も末期のことであり、平安時代から中世にかけて、扇状地の大部分は、未開の原野、はんらんによる荒廃田、地力の不足による休耕地によって占められていた」（浅香 1988：85頁）とのべている。本書で対象としている縄文時代後晩期では、それ以上に未開拓な原野で、ススキや低木がおいしげる荒地であったと推測される。

　高堀勝喜氏は、『押野村史』のなかで手取川扇状地の扇端部の地形についてのべ（高堀 1964）、野々市市御経塚遺跡の報告書ではそれをやきなおす形で記述している（高堀 1983）。地形の特徴がよく表現されていてわかりやすいものになっているので、少し長くなるが、それを引用する（高堀 1983：12・14頁）。

　　　低湿地と微高地と微低地の組合せによる微細な地形的変化が、御経塚遺跡周辺の地形的特色であるといえる。遺跡は低湿地と微高地を避け微低地に立地している。このことは地下水利用とも深い関係をもつものと考えられる。

　　　手取扇状地は、他の沖積扇状地と同様に、扇端地域に到ると地下水位が高くなっている。遺跡周辺では、遺跡の北を東南西に弧を画く10m等高線から北が、戦後しばらくまでは地下水の自噴地域であった。古老からの聞き取りによると、耕地整理前は、遺跡の南にあたる15m等高線近くの

野代町までが自噴地域であったという。御経塚遺跡の形成は自噴水と深くかかわりあっていたのである。

　遺跡の立地する微低地に対する微高地は、耕地整理前は畑地に利用されていたが、その一部には「野」と呼ばれる原野が残っていた。このことは、明治22年の作成にかかる耕地整理前の地籍図で確認できる。

　「野」は、時代を遡れば、さらに大きなひろがりをなしていたであろうことは、遺跡周辺の集落に「押野」「野代」「野」（旧石川郡二塚村字野・現金沢市神野町）、「中野」（旧二塚村・現金沢市稚日野町）、「示野」（旧石川郡戸板村・現金沢市示野町）などの「野」集落が少なくないことからも推測されよう。そして整理前は、この「野」や、手取川の旧河道にあたる用水（手取川七ヶ用水とその分流）に沿うて繁茂する樹木のため、隣り部落への見通しは十分でなかったという古老の言からすると、「野」は単なる草生地でなく、樹木の繁茂する林相をなしていたことが知られるのである。すなわち、旧手取川分・支流の氾濫で形成された自然堤防にあたる微高地は、原始時代の狩猟採集生活において、植物・動物質食料を供給する経済基盤としての林野に成長していた。

　つぎに植生に関して言及すると、金沢市米泉遺跡は後期酒見式と晩期中屋式を主体とする集落遺跡で、出土した自然木と加工材の標本140点の樹種同定を能城修一氏と鈴木三男氏が実施している（能城・鈴木 1989）。自然木ではクリ、オニグルミ、ヤマグワ、ヤナギ属、ナラ類、カエデ属など温帯性落葉広葉樹が主体で、針葉樹ではイヌガヤとヒノキがみられ、常緑広葉樹はみられないことをあきらかにしている。加工木ではクリ、オニグルミ、イヌガヤ、ヤブツバキ、カエデ属、スギが使用されており、ヤブツバキとスギは遺跡から多少はなれたところからもちこまれたと考えている。また、建物の周囲で検出された根株のうち樹種同定された5株はいずれもクリであることをあきらかにしている。これまで集落の周囲でクリ林が積極的に維持されてきたことが推定されていたが、それを実証するものとして筆者は高く評価している。そして米泉遺跡周辺は後晩期を通じて落葉広葉樹が占有する林が存在していたことを推定し、この

傾向が弥生中期や平安時代においてもつづいていることを推測している。

　また、野々市市教育委員会の吉田淳氏のご教示によれば、1988（昭和63）年、御経塚3丁目地内でトラックターミナル建設にともなう掘削作業中に3本の樹木が発見された。その存在をしった野々市町ふるさと歴史館館長の市村正規氏が野々市町文化財保護審議委員の高堀勝喜氏に連絡をとり、高堀氏から野々市町に保存の要望があり、同町教育員会がその事案に対処した。3本の樹木が発見された地点は礫層が大きくおちこんでいたことから旧河道と考えることができ、樹木1と番号がつけられた根株は地表から約2mの深さにうまっており、全長2mあまり、幹の太さは約25cmであった。残存状態が良好であったためにとりあげられ、現在は、野々市市ふるさと歴史館の玄関に展示されている。この根株の樹種はカツラ属で、最外年輪ちかくのAMS炭素14年代は3710±20 BP（PLD-18873）、較正年代は2196〜2170 cal BC（9.8％）・2146〜2033 cal BC（85.6％）である。

　さらに、今では日本海の汀線付近に位置する弥生時代中後期の金沢市下安原海岸遺跡から後期を主体とする自然木や木製品が出土しており、それらの樹種同定を鈴木三男氏が実施している（鈴木 1997）。鈴木氏はヤナギ属やハコヤナギ属、ヤマグワ、オニグルミの存在から乾燥した砂丘をすぐ近くにひかえた局地的な湿地を考え、スダジイとクロマツの存在から照葉樹林帯の森林を想定し、針葉樹ではスギは地元での産出を、ヒノキは近畿からの移入を推定している。

　これらのことを考慮すると、縄文時代後晩期の手取川扇状地では落葉広葉樹が優占し、集落からはなれたところに照葉樹と針葉樹も存在していた森林環境を推測することができる。

第1章
打欠石錘の用途と漁労活動

第1節　打欠石錘の用途に関する民俗考古学的研究

1. 研究の目的と方法

　縄文時代の石器で、扁平な楕円礫の長軸あるいは短軸の両端に打ち欠き痕のある石錘は、研究者によって礫石錘とも打欠石錘ともよばれている。筆者は礫石錘よりも打欠石錘の方が製作技術的に妥当な名称であると考えているので、本章では打欠石錘の用語をもちいている。この石錘の用途については二つの説があり、一つは漁網錘とする説で、もう一つは編み台と錘具を使用するもじり編みの錘具、すなわち編物石とする説である。漁網錘説の立場をとる研究者の論考では十分な根拠をしめして具体的な網漁法を提示したものはなく、慣例的にとなえられている漁網錘説を踏襲しているだけの段階にとどまっている。一方、編物石説をとる研究者にしても、大量に出土する遺跡においてもそれらが編物石であると抗弁するだけで、なぜ大量に出土するのか、納得のいく解釈をしめしているわけではない。漁網錘あるいは編物石のどちらの説を採用するかで復元される縄文時代像が大きくかわってくるので、打欠石錘の用途を特定することは重要な課題となっている。
　こうした状況をふまえ、本節は縄文時代の打欠石錘の用途は何になる可能性が高いのか、ということを考究することを目的としたものである。研究の方法については民俗考古学的な手法を採用し、重量に着目して論をすすめていく。
　漁網錘では、現代から縄文時代にさかのぼる形で、物質文化史的に記述をすすめる。最初に漁網錘や漁労錘の民具資料を報告し、つぎに1912（明治45）年と1913（大正2）年に刊行された『石川縣湖潟内彎水面利用調査報告』に記載されている漁網錘を列挙していく。さらに中世から弥生時代にみられる管

状土錘の重量をあきらかにし、最後に漁網錘の用途が確実であると考えられている縄文時代の土器片錘、切目石錘、有溝石錘の重量を確認する。上記の作業をすすめたうえで漁網錘の重量と打欠石錘の重量を比較し、打欠石錘のなかで漁網錘になる可能性のあるものを指摘する。

編物石では、筆者は十分な民俗調査をすすめていないので、渡辺誠氏の民俗学的研究の成果を援用して民具資料の編物石の重量と打欠石錘の重量を比較し、打欠石錘のなかで編物石になる可能性のあるものを指摘する。

2. 漁網錘・漁労錘の民具資料

石製の漁網錘や漁労錘に留意して民具資料をあつめてきたが、石川県内にはあまり資料がのこっておらず、収集できたデータはごくわずかである。

（1）輪島市立民俗資料館に展示されている民具資料

1989（平成元）年11月11日と同年11月25日の2日間、石川県輪島市町野町南時国に所在する輪島市立民俗資料館で聞きとり調査をおこなった。1994（平成6）年8月25日には補足調査を実施した。なお、同館は2007（平成19）年3月で閉館となっている。

①石錘をつかっている返し網

図2の1の右側は自然石を漁網錘としてつかっている返し網である。返し網というのは刺し網の一種で、磯の浅い所の岩場でつかい、ハチメ、イソバエ、チヌ、クロダイをとる。石錘を細いワラ縄でつつみこんで、刺し網の下端にしばりつけてある。網に魚がはいると、漁網錘の下のモサモサしたワラがひっくりかえって網にからみつき、魚がのがれられないようになる。全長は150 cm、浮子から石錘までは120 cm、編み目の大きさは3 cm×3 cmである。

石錘は全部で32個つかわれており、直径3 cmあまりの丸味をおびた楕円礫が多いが、一部不整形のものもみられる（図2の2・3）。測定可能な10点について重さを計測したところ、10 g、13 g、15 g、15 g、15 g、17 g、17 g、

26　第1章　打欠石錘の用途と漁労活動

1　石錘・管状土錘をつかっている返し網

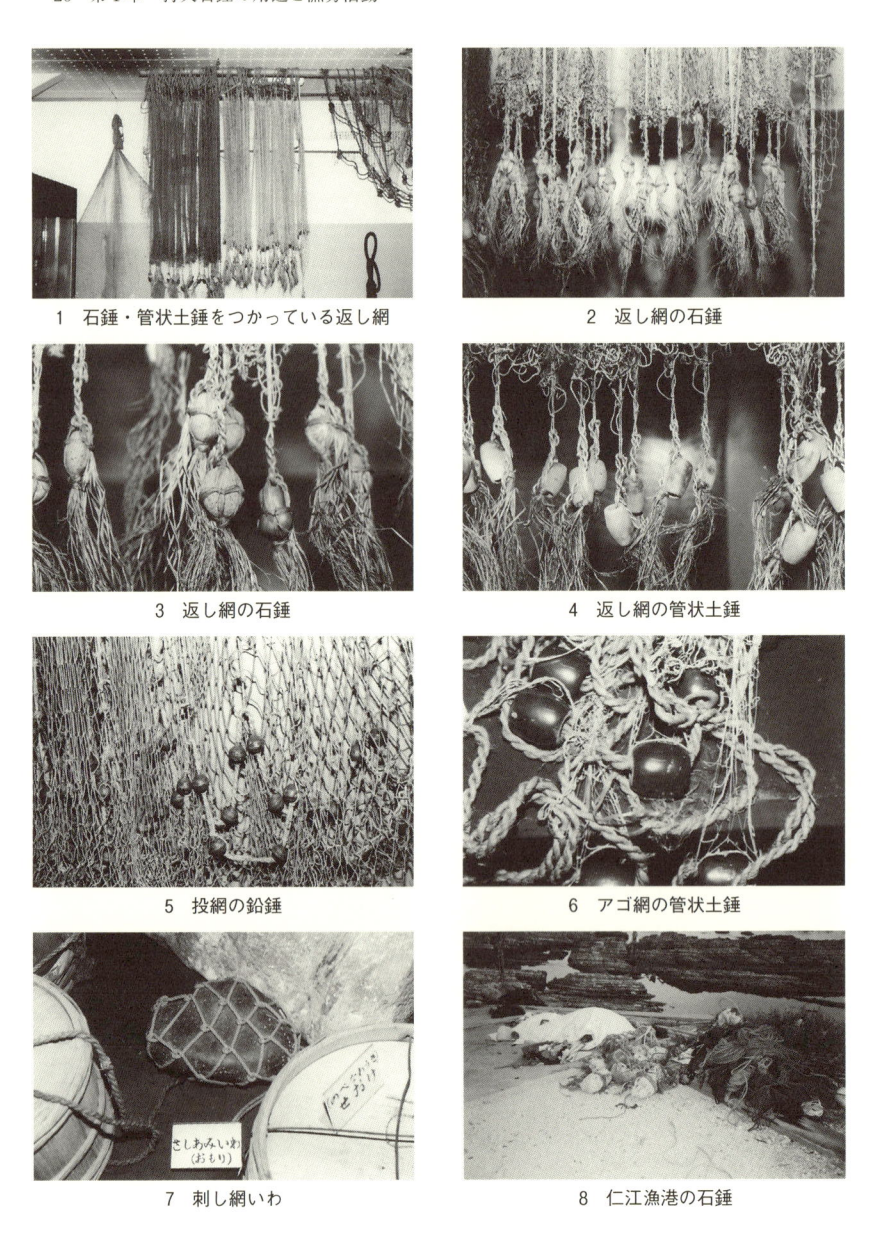

2　返し網の石錘

3　返し網の石錘

4　返し網の管状土錘

5　投網の鉛錘

6　アゴ網の管状土錘

7　刺し網いわ

8　仁江漁港の石錘

図2　輪島市立民俗資料館の漁網錘資料ほか

20 g、22 g、23 g で、10 g から 23 g の範囲に分布し、平均は 16.7 g である。石質としては凝灰岩、安山岩、黒色頁岩などがみられる。

②管状土錘と石錘をつかっている返し網

図 2 の 1 の左側は管状土錘 22 個と石錘 3 個をつかっている返し網である。編み目の大きさは 3 cm×3 cm である。

管状土錘の重量は大体 15～20 g に分布し、長さは 3.2～3.7 cm で、3.5～3.7 cm に集中している（図 2 の 4）。幅は 2.5 cm 前後、孔径は 1.2 cm 前後である。装着方法はワラ束を管状土錘の孔に逆 U 字状にとおして土錘の下端でしばり、ワラ束を別のワラ束で網にむすびつけている。

③壁にかけてある投網

漁網錘は鉛製で、直径 1.8 cm 前後の丸味をおびた算盤形である（図 2 の 5）。6 cm おきに 100 個ぐらいつけられており、はずれないように鉛錘の上端と下端がきつくしばられている。曽々木大川でつかわれていた。

④台の上にひろげてあるアゴ網

アゴというのはトビウオのことである。釉薬のかかった管状土錘で、大体の大きさは重さ 80 g、長さ 4.5 cm、幅 4.0 cm、孔径 1.7 cm である（図 2 の 6）。網裾の縄に管状土錘をとおして着装している。

⑤竿につってあるアゴ網

竿につってあるアゴ網は 3 種類の土錘がつかわれており、一つは長さが 3.5 cm の横長のもの、二つ目は長さが 4.0 cm で釉薬がかけられたもの、三つ目は長さが 5.0 cm のものである。

⑥台の上の刺し網いわ

刺し網漁の時、潮流で網がながされないようにするための石錘である（図 2 の 7）。重さ不明、長さ 23 cm、幅 15 cm、厚さ 8 cm くらいである。黒色。

（2）珠洲市仁江漁港の石錘

1989（平成元）年 8 月 19・20 日、珠洲市仁江町の角花菊太郎氏宅で揚げ浜式塩田製塩法を見学する石川考古学研究会例会が開催された。その例会に参加

し、角花家の横にある仁江漁港でみかけた石錘である（図2の8）。多分、刺し網が潮でながされないようにするための石錘であろう。人頭大の石がつかわれている。詳細な大きさは計測しなかったため不明である。

（3）石川県立歴史博物館に展示されている石錘

調査日は1996（平成8）年3月16日である。

①タラ縄用沈子

2点展示されている。1点は細長い楕円礫で、長さ15.8cm、幅9.3cm、厚さ7.0cm、重さ1425gである。もう1点は三角柱状のやや角ばった円礫で、長さ11.6cm、幅10.0cm、厚さ6.1cm、重さ1008gである。

②ガンド流し釣り用錘

1点のみである。やや角ばった円礫で、長さ17.5cm、幅11.5cm、厚さ8.8cm、重さ2700gである。

3. 近代文献資料の漁網錘

鳳至郡能都町（現鳳珠郡能登町）宇出津にあった石川縣水産試験場が『石川縣湖潟内灣水面利用調査報告』全4巻を刊行している。第1巻は小松市の今江潟と木場潟（石川縣水産試験場 1912a）、第2巻は羽咋市邑知潟（石川縣水産試験場 1912b）、第3巻は加賀市柴山潟（石川縣水産試験場 1913a）、第4巻は金沢市から内灘町、津幡町、宇ノ気町にまたがる河北潟（石川縣水産試験場 1913b）の調査報告である。

（1）今江潟・木場潟

①フナ投網

漁網錘である沈子は鉛製で、1個の重量は7匁5分（28.125g）、総数は140～150個である。漁網錘の総重量は3937.5～4218.75gとなる。

②ボラ投網

沈子は鉛製で、1個の重量は7匁（26.25 g）ないしは8匁5分（31.875 g）、総数は116個である。漁網錘の総重量は3045.0～3697.5 gとなる。

（2）邑知潟

①ボラ刺網

沈子は径1寸（3.0 cm）あまりの小石をワラにつつみ、浮子の直下の網裾につける。

②投網

沈子は鉛製で、総数170個、1個の重量7匁（26.25 g）あまりである。漁網錘の総重量は4462.5 gである。漁獲物はフナ、コイ、ボラ、アカメボラである。

③巻網

魚取部の袋網の裾には、長さ1寸5分（4.5 cm）、径3分（0.9 cm）の鉛製の沈子を2寸5分間隔につける。主な漁獲物はウナギ、スズキ、ナマズ、カワギスである。

（3）柴山潟

①伏漬

「フシ」または「ツケ」とよばれており、サクラやクワなどの枝を潟底に樹立しておき、冬季に四面を伏網でかこみ、枝をとりのぞき、投網で捕獲する漁法である。沈子は円筒形の土錘をもちい、周囲1寸5分（4.5 cm）、長さ1寸（3.0 cm）のものを網1反に80個つける。

（4）河北潟

①根ぼえのボラ網

根ぼえは八田村（現金沢市八田町）でおこなわれた潰漁業で、漬2束を1組として400組つかう。漁獲物はボラを第一とし、フナ、ウナギ、エビなどである。
ボラ網の沈子は陶器製で、1個の重量は2匁（7.5 g）である。175個つかい、

漁網錘の総重量は 1312.5 g である。

②根ぼえのフナ網

フナ網の沈子は陶器製である。1 個の重量は 2 匁（7.5 g）で、225 個もちいる。漁網錘の総重量は 1687.5 g である。

③アマサギ刺網

沈子は陶器製で、1 個の重量は 5 匁（18.75 g）、90 個もちいる。総重量は 1687.5 g である。

④ハゼ刺網

沈子は陶器製で、1 個の重量は 6 匁（22.5 g）、15 個もちいる。総重量は 337.5 g である。

⑤ボラ巻網

沈子は陶器製で、1 個の重量は 1 匁（3.75 g）、180 個もちいる。総重量は 675.0 g である。

⑥立袋網

沈子は陶器製で、1 個の重量は 20 匁（75.0 g）、50 個もちいる。漁網錘の総重量は 3750.0 g である。ハゼ、サヨリ、ウナギを捕獲する。

⑦ソメゴリ網

白魚をとる網で、沈子は鉛製である。1 個の重量は 4 匁（15.0 g）、60 個もちいる。漁網錘の総重量は 900.0 g である。

4. 中世〜弥生時代の漁網錘

拙稿をもとに検討をくわえていく（山本 1986）。漁網錘のほとんどは管状土錘で、棒状陶錘の用途は不明である。1986（昭和 61）年 3 月時点で筆者が確認した資料は 63 遺跡 660 点である（図 3〜6）。石川県内の調査報告書では管状土錘の出土点数が正確に報告されていないものもあり、これらについては図版に掲載されている点数を出土点数とし、報告されている遺跡でも実見して点数の増加が確認できた場合は確認後の点数としている。

（1）管状土錘の形態分類

　管状土錘は文字どおり管状や円筒状を呈する土製の漁網錘で、窯でやかれた須恵質の管状陶錘もあり、本節ではこれらもふくめている。形態的特徴によってⅠ類～Ⅳ類の4者に大別され、さらにⅠ類とⅢ類はa～dに、Ⅱ類とⅣ類はa・bに細分される。全体として管状土錘は12類に分類することができる（図3）。

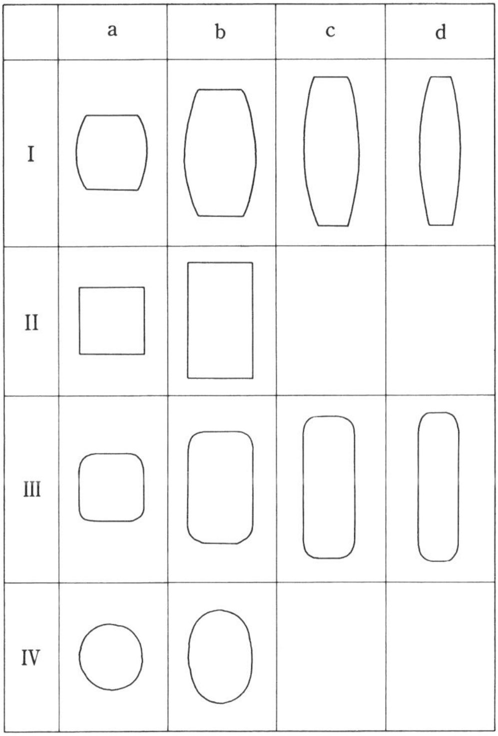

　Ⅰ類は紡錘形を呈するものである。

　　Ⅰa類：長さと幅がほぼ等しいもの。
　Ⅰb類：長さが幅の2倍より短いもの。
　Ⅰc類：長さが幅の3倍より短いもの。
　Ⅰd類：長さが幅の3倍以上のもの。
Ⅱ類は円筒形を呈し、断面形態が正方形・長方形を呈するものである。
　Ⅱa類：長さと幅がほぼ等しいもの。
　Ⅱb類：長さが幅の2倍より短いもの。
Ⅲ類は円筒形を呈し、断面形態が隅丸方形・隅丸長方形を呈するものである。
　Ⅲa類：長さが幅とほぼ等しいもの。
　Ⅲb類：長さが幅の2倍より短いもの。

図3　管状土錘形態分類図

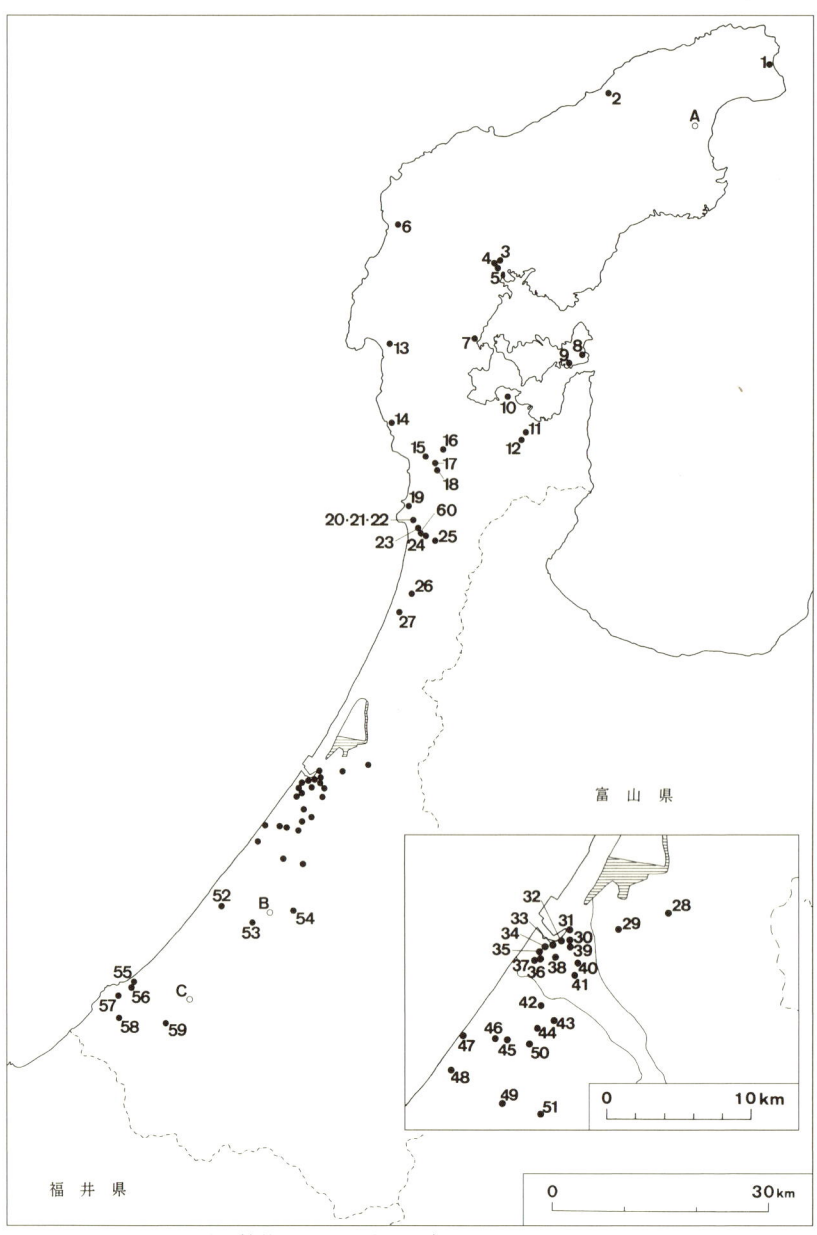

32　第1章　打欠石錘の用途と漁労活動

図4　石川県の管状土錘出土遺跡分布図（遺跡番号は表3と一致する。）

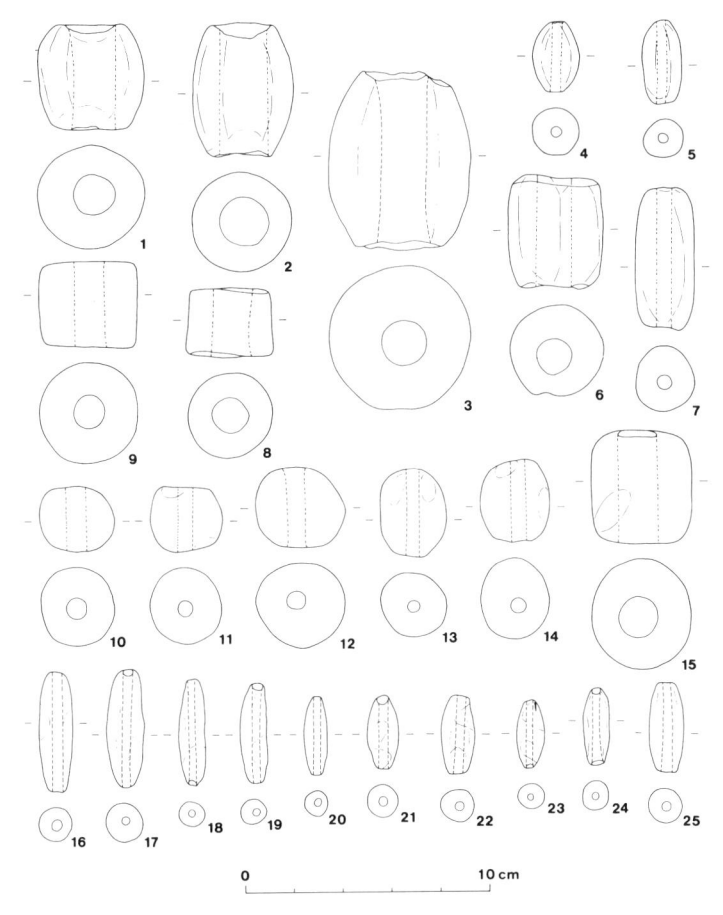

第1節　打欠石錘の用途に関する民俗考古学的研究　33

図5　管状土錘実測図1
（1〜8：道下元町遺跡、9〜15：奥原遺跡、16〜25：米浜遺跡、縮尺1：3）

　Ⅲc類：長さが幅の3倍より短いもの。
　Ⅲd類：長さが幅の3倍以上のもの。
Ⅳ類は球状を呈するものである。
　Ⅳa類：長さと幅がほぼ等しく、平面形態が円形を呈するもの。
　Ⅳb類：長さが幅の2倍より短く、平面形態が楕円形を呈するもの。

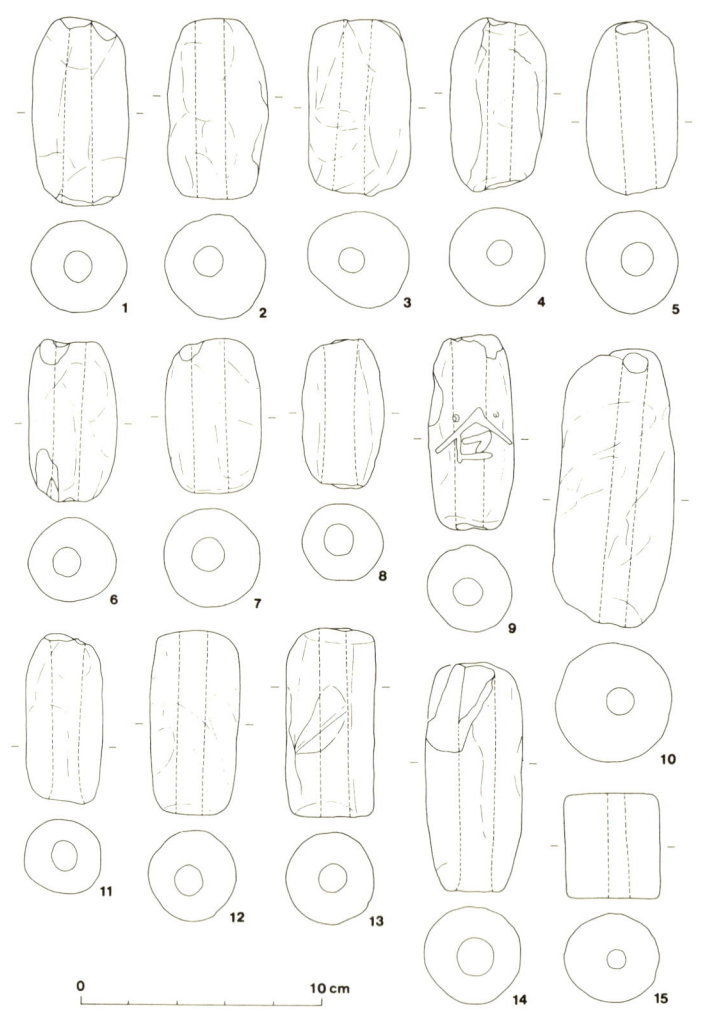

34　第1章　打欠石錘の用途と漁労活動

図6　管状土錘実測図2（米浜遺跡、縮尺1：3）

（2）管状土錘の時間的分布

　出土遺跡は珠洲市第3号窯跡、湯屋窯跡、戸津窯跡群のような窯跡と他の60遺跡のような集落遺跡にわけられるが、管状土錘の製作はむずかしいもの

ではないので、集落遺跡では管状土錘は自給自足的に製作、消費されたと考えている。各集落遺跡での管状土錘の出土状態は、遺物包含層から各時代、各時期の土器と混在して出土することがほとんどであり、時代や時期の決定が困難な場合が多い。そこで、それらが比較的明確な遺跡から出土している資料をとりあげて検討する。

 1）奈良時代～平安時代

 道下元町・高田・深江・畝田無量寺・黒田町・横江庄・三浦・上林・勅使の9遺跡117点についてみると、不明の51点をのぞいて形態の判明している66点の内訳は、Ⅰa類1点（1.5%）、Ⅰb類22点（33.3%）、Ⅰc類25点（37.9%）、Ⅰd類12点（18.2%）、Ⅱa類1点（1.5%）、Ⅲb類1点（1.5%）、Ⅲc類3点（4.5%）、Ⅲd類1点（1.5%）である。Ⅰ類が60点で全体の91.0%と大部分をしめ、Ⅲ類はわずか5点にすぎない。奈良～平安時代の管状土錘は紡錘形になるⅠ類のものがほとんどで、わずかながら円筒形になるⅢ類がみられるという状況である。長さと幅の関係においてはbc類がほぼ同じ割合であり、長さが幅の1.3～2.9倍になるものが多いという傾向にある。

 2）弥生時代～古墳時代前期

 奥原・国分高井山・倉垣・近岡・無量寺B・西念南新保・新保本町西・御経塚・敷地町後方の9遺跡47点についてみると、その形態の内訳はⅠc類1点（2.1%）、Ⅱa類3点（6.4%）、Ⅱb類1点（2.1%）、Ⅲa類7点（14.9%）、Ⅲb類1点（2.1%）、Ⅳa類29点（61.7%）、Ⅳb類3点（6.4%）、不明2点（4.3%）であり、Ⅳ類が32点で全体の68.1%をしめ、ついでⅢ類が8点で17.0%をしめている。長さと幅の関係でみると、a類が39点ともっとも多くて全体の8割以上となっており、b類は5点でほぼ1割である。

 63遺跡から出土した管状土錘660点のなかで、Ⅲa類は18点、Ⅲb類は21点、Ⅳa類は37点、Ⅳb類は4点であり、当該期の管状土錘がそれぞれの形態のなかでしめる割合はⅢa類38.9%、Ⅲb類4.8%、Ⅳa類78.4%、Ⅳb類

75.0％となっている。これらのことから弥生時代終末〜古墳時代前期の管状土錘ではⅣ類の球状を呈するものが大多数をしめ、長さと幅の関係においては両者がほぼ等しい長さのものが多いという傾向にある。そしてさらにいえば、Ⅳ類と分類した球状になる管状土錘は当該期においてのみ特徴的なものであるといえる。

（3）管状土錘の重量

　漁網の存在は浮子、網、沈子などのうち沈子としての漁網錘からしられ、網自体の検出はほとんど皆無に等しい。このような状況のもとで漁網についてしるには、錘具の重量の具体的数値化が必要であり、本地域の管状土錘の重量は表3のとおりである。

　表3では21遺跡334点について集計したが、334点のうち完形品は210点、完形時の重量を推定した欠損品が124点である。完形品にかぎって管状土錘の重量分布の傾向をみてみると、60gを境に重くなるにつれて数量が少なくなっており、110gをこえるものは極端に少なくなっている。また、100gをこえる管状土錘が出土している遺跡としては、米浜遺跡（図6の1〜4・10・12〜14）、寺家チョウエイジ遺跡、深江遺跡、上田出西山遺跡、勅使遺跡、法住寺第3号窯などをあげることができる。これらの遺跡の時期などから100gをこえる管状土錘が出現するのは、確実なところ平安時代以降と推測される。10g以下の管状土錘の数量も多く、全体の割合では約20％をしめている。19点出土している米浜遺跡（図5の16〜25）では形態的にはⅠc類8点、Ⅰd類11点である。9点の無量寺遺跡ではⅠb類4点、Ⅰc類とⅠd類が各1点、Ⅲc類3点であり、最軽量のものには細長い形態のものが多い。

　弥生〜古墳前期の奥原・近岡・敷地町後方の3遺跡16点についてみてみると、20.1〜80.0gに分布する。また、これら16点の平均重量は46.0gであり、欠損品で完形時の重量を推定したもの6点をくわえた場合の平均重量は52.8gである。

第1節　打欠石錘の用途に関する民俗考古学的研究　37

表3　管状土錘重量分布表（遺跡番号は図4と一致する。）

番号	遺跡名	0.1〜10.0	10.1〜20.0	20.1〜30.0	30.1〜40.0	40.1〜50.0	50.1〜60.0	60.1〜70.0	70.1〜80.0	80.1〜90.0	90.1〜100.0	100.1〜110.0	110.1〜120.0	120.1〜130.0	130.1〜140.0	140.1〜150.0	150.1〜200.0	200.1〜250.0	250.1〜300.0	計
3	美咲奈比古神社前		2		1			1												4
5	縄手	5		3	7															15
6	道下元町	4			3	1	1	2	1											12
10	奥原		4	1			1	1												7
15	米浜	19	1		2	2	3	2	4		6	4	1		1				1	45
20	寺家チョウエイジ		2	5	2	3	4	1										1		17
21	寺家オオバタケ		1	2	2															5
22	寺家ブタイ		2																	2
25	深江	1	2	2	3	5	1	2	1		1	1	1		1					20
27	上田出西山	1				1				1	1	2	1	1						11
28	今町A	3		1																5
31	近岡			2			2		1	1										6
33	無量寺	9	3	2		4	5	1	1					1						26
35	桂		1	3	1	1														6
36	畝田・寺中	4					1													5
46	宮永			1																1
48	徳光ヨノキヤマ	1	3	1	4	1														10
57	田尻シンベイダン			3		1														4
58	敷地町後方					2		1												3
A	法住寺第3号窯		1				2													6
	合計	47	17	29	26	20	19	11	7	8	8	3	3	2	2		1	1	1	210
	％	22.4	8.1	13.8	12.4	9.5	9.0	5.2	3.3	3.8	3.8	1.4	1.4	1.0			0.5	0.5	0.5	99.9

5. 縄文時代の漁網錘

漁網錘として確実視される土器片錘、切目石錘、有溝石錘をとりあげ、拙稿をもとに検討をくわえていく（山本 1983）。1983（昭和58）年3月時点で、筆者が石川県南部の加賀地方で確認した資料は12遺跡204点である（表4、図7）。

（1）土器片錘・切目石錘・有溝石錘の形態分類

①土器片錘

土器片を利用して周囲を打ち欠いたり、磨いたりして整形した錘具である。3遺跡から3点出土しており、いずれもその長軸の両端に切りこみを有するものである（図8の1）。

②切目石錘

扁平な楕円礫を素材とし、切りこみを施した錘具である。擦り切りによる切りこみの個所によって以下の3類に形態分類している。

A類：扁平な楕円礫の長軸の両端あるいは一端に切りこみがあるもの。

B類：扁平な楕円礫の長軸・短軸両方の両端または一端に切りこみがあるもの。

C類：扁平な楕円礫の短軸の両端あるいは一端に切りこみがあるもの。

11遺跡から194点出土しており、遺跡数、点数ともに全体の90％以上であり、本地域の漁網錘のなかでもっとも重要な位置をしめている。種別ではA類が10遺跡から193点出土しており、圧倒的多数をしめている（図8の2～9・11・12、15～21、図9）。そのうち167点が笠舞遺跡から発掘、表採されており、A類全体の86.5％をしめている。C類は天池遺跡の1点のみである（図8の10）。

③有溝石錘

御経塚遺跡からわずかに3点出土しているだけである。扁平な楕円礫の長軸

表4 加賀地方の漁網錘出土遺跡一覧表（遺跡番号は図7と一致する。）

遺跡番号	遺跡名	時期	土器片錘A	切目石錘A	切目石錘C	有溝石錘A	合計
1	上山田貝塚	前期末〜後期初頭	1				1
2	東町	中期		1			1
3	北塚	中期後葉〜後期初頭	1	5			6
4	笠舞	前期末〜後期初頭		167			167
5	中平	中期		1			1
6	天池	早期〜中期			1		1
7	瀬領	中期		1			1
8	御経塚	後期中葉〜晩期		1		3	4
9	茶臼山古墳群	後期初頭		2			2
10	白山上野	中期中葉〜後期初頭		5			5
11	尾添	中期中葉〜後期前葉	1	1			2
12	小原	中期〜後期中葉		9			9
	計		3	193	1	3	200

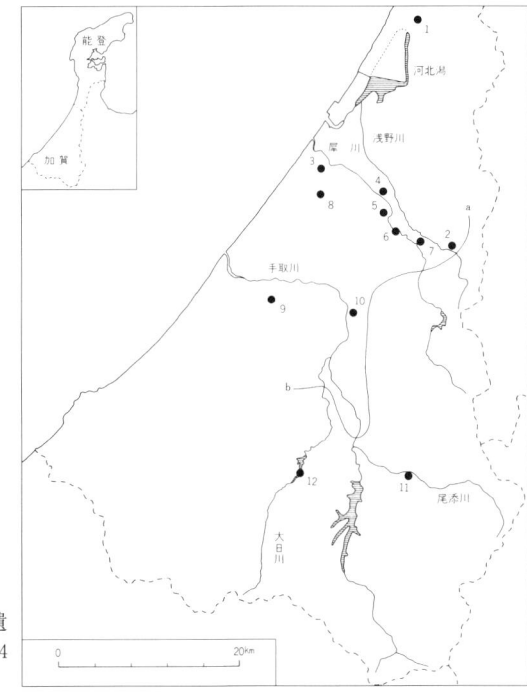

図7 加賀地方の漁網錘出土遺跡分布図（遺跡番号は表4と一致する。）

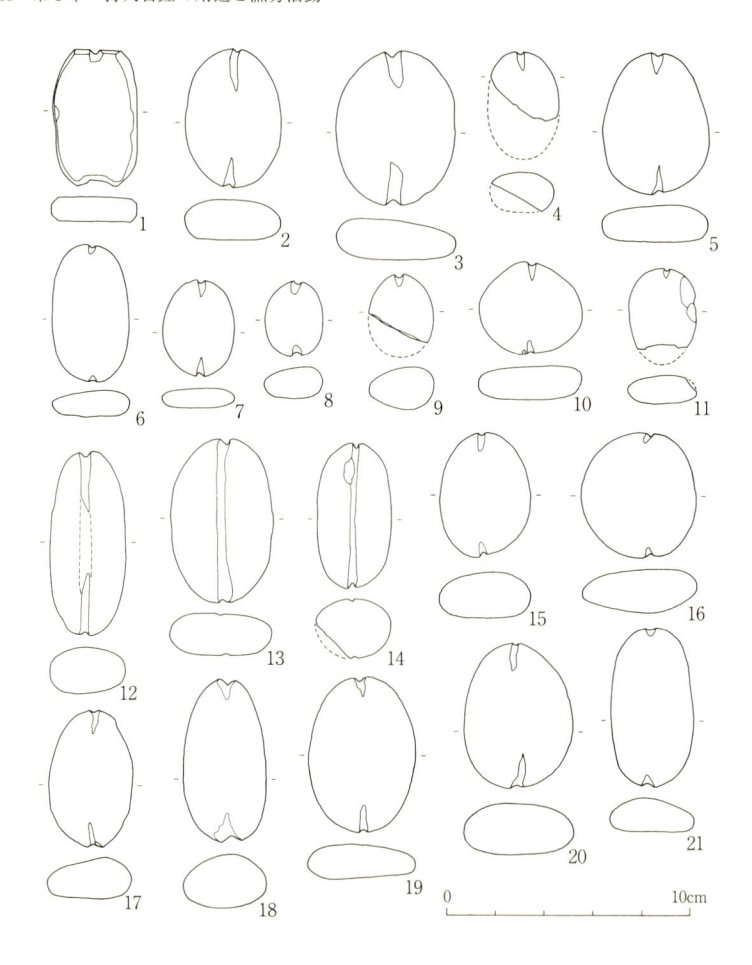

40　第1章　打欠石錘の用途と漁労活動

図8　土器片錘・切目石錘・有溝石錘実測図
（1・2：尾添遺跡、3：東遺跡、4～8：北塚遺跡、9：中平遺跡、10：天池遺跡、11：瀬領遺跡、12～14：御経塚遺跡、15～21：笠舞遺跡、縮尺1：3）

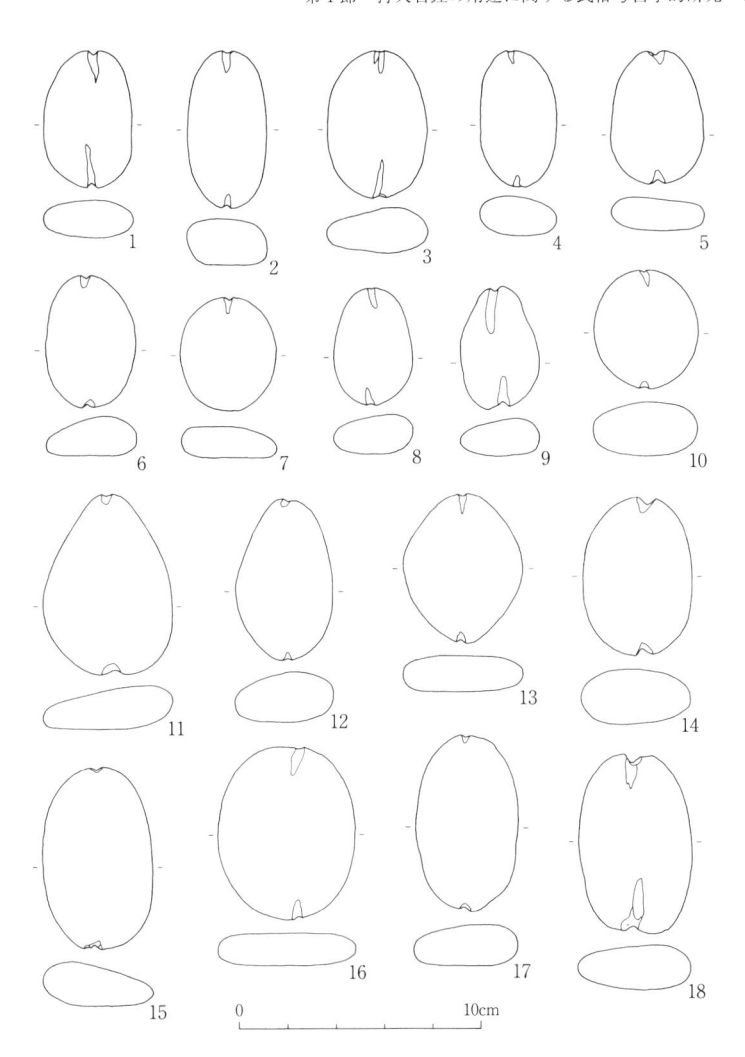

第1節　打欠石錘の用途に関する民俗考古学的研究　41

図9　切目石錘実測図（笠舞遺跡、縮尺1：3）

を一周するもののみであり（図8の13・14）、形態的には切目石錘A類と関連が深い。

（2）土器片錘・切目石錘・有溝石錘の時間的分布

①土器片錘

北塚遺跡からの出土点数が多く、中期後葉に出現している。

②切目石錘

中期後葉に出現し、遺跡数と点数は減少しながらも後晩期まで連続している。

③有溝石錘

御経塚遺跡からわずかに3点出土しているだけであり、後期中葉から晩期に属し、細かな時期は不詳である。

（3）土器片錘・切目石錘・有溝石錘の重量

石川県南部の漁網錘の重量については以下に述べるとおりである。

①土器片錘

上山田貝塚の1点は32.3g（平口・高堀・小島ほか 1979）、北塚遺跡の1点は2.9g（南ほか 1977）、尾添遺跡の1点は26.6gであり（平田・木越 1977）、平均20.6gである。未発表資料であるが、四柳嘉章氏のご教示によれば、1972（昭和47）年に石川県教育委員会文化室が北塚遺跡の発掘調査をおこなっており、1982（昭和57）年11月現在で約30点の土器片錘が確認されているという。それらの重量は20〜50gに集中し、平均35gであるという。

②切目石錘

切目石錘の重量について表したのが表5である。

まず、笠舞遺跡167点のうち完形品137点を測定したが、これらのなかには切目が擦り切りによる一般的なもの121点（図8の15〜21、図9）、切目の一端が擦り切りで他端が敲打によるもの2点、両端あるいは一端を敲打した後に擦り切りで切目を製作して敲打痕がのこっているものが14点みられる。なお、表面や側面がみがかれているものもある。最軽値7.6g、最重値254.9gで、一

般的な切目石錘の完形品121点の平均重量は47.3g、敲打痕のあるものをふくめた完形品137点の平均重量は53.4gである。

これらに東町・北塚・天池・御経塚・下開発茶臼山古墳群・尾添の6遺跡10点の測定値をくわえ、7遺跡147点についてみてみると、7.6～254.9gに分布するものの10g以下や90g以上は極端に少なくなっており、30g台がもっとも多くて全体の22.4%をしめ、10～60g台で全体の約77%をしめている。そして一般的なものの完形品131点の平均重量は47.3gであり、敲打痕のあるものをふくめた完形品147点の平均重量は53.0gである。

③有溝石錘

御経塚遺跡から出土した3点は完形品1点、欠損品が2点である（山本・高堀ほか 1983）。前者は66.6g（図8の13）、後者は欠損した状態で44.6g（図8の14）と22.5gである。

表5　切目石錘重量分布表
（遺跡番号は図7と一致する。）

重量 (g)	4 点数	4 %	2・3・6 8・9・11	計 点数	計 %
0.0～9.9	1	0.7		1	0.7
10.0～19.9	19	13.9	2	21	14.3
20.0～29.9	15	10.9	1	16	10.9
30.0～39.9	32	23.4	1	33	22.4
40.0～49.9	11	8.0	1	12	8.2
50.0～59.9	16	11.7	1	17	11.6
60.0～69.9	11	8.0	3	14	9.5
70.0～79.9	10	7.3		10	6.8
80.0～89.9	8	5.8		8	5.4
90.0～99.9	2	1.5		2	1.4
100.0～109.9	2	1.5	1	3	2.0
110.0～119.9	1	0.7		1	0.7
120.0～129.9	1	0.7		1	0.7
130.0～139.9	2	1.5		2	1.4
140.0～149.9	2	1.5		2	1.4
150.0～159.9	1	0.7		1	0.7
160.0～169.9					
170.0～179.9	1	0.7		1	0.7
⋮					
240.0～249.9	1	0.7		1	0.7
250.0～259.9	1	0.7		1	0.7
合計	137	99.9	10	147	100.2

6. 漁網錘の重量と編物石の重量

（1）民具資料・文献資料・考古資料における漁網錘の重量

民具資料では、石錘は10～23g、管状土錘が15～20gである。

文献資料の『石川縣湖潟内彎水面利用調査報告』では、1 匁（3.75 g）、2 匁（7.5 g）、4 匁（15.50 g）、5 匁（18.75 g）、6 匁（22.5 g）、7 匁（26.25 g）、7.5 匁（28.125 g）、8.5 匁（31.875 g）、20 匁（75.0 g）の重量のものがあり、大体 1 匁（3.75 g）〜8 匁（31.875 g）に分布し、20 匁（75.0 g）だけがかけはなれて重くなっている。

　考古資料についてみていくと、管状土錘は 10 g 以下のものも多く、全体の割合では約 20%をしめている。60 g を境に重くなるにつれて数量が少なくなってきており、110 g をこえるものは極端に少なくなるという傾向がみとめられる。100 g をこえる管状土錘が出現するのは、確実なところ平安時代以降である。弥生〜古墳前期のものは 20.1〜80.0 g に分布し、平均重量は 46.0 g である。縄文時代の土器片錘・切目石錘・有溝石錘の重量では 30 g 台がもっとも多く、10〜90 g で全体の 90%をしめ、平均重量は約 47 g である。

　考古資料、文献資料、民具資料を通観すると、漁網錘では 3 g 前後から 90 g までが多く、110 g をこえるものはきわめて少なくなる。

（2）民具資料の編物石の重量

　編物石に関する十分な民俗調査を筆者はおこなっていないので、渡辺誠氏の民俗学的研究の成果を引用する。渡辺誠氏は錘具をもちいるもじり編みの対象製品を 4 類に分類し、製品群と石錘の重量の関係をあきらかにしている（渡辺 1981）。それによれば、第 1 群の製品はハバキで、石錘の重量は 20〜80 g である。第 2 群の代表的な製品は間隔の広いハバキ、腰カゴ、背おいカゴで、ほかに紙漉きス、各種のスノコなどがあり、石錘の重量は 80〜180 g である。第 3 群の製品は米俵、炭俵、ムシロ、各種のコモ、ミノ、ウエなどで、石錘の重量は 160〜300 g である。第 4 群の製品は雪囲いズやエリズなどの大型品で、石錘の重量は 360〜880 g である。

7. 打欠石錘の形態分類と重量

　打欠石錘を多数出土している 11 遺跡をとりあげ、検討をくわえていく。石川県の縄文時代の主要な集落遺跡は海岸部や潟湖周辺、河川流域に立地している。そこで、能登半島の海岸部の遺跡としては、能登町真脇遺跡、穴水町甲・小寺遺跡、七尾市通ジゾハナ遺跡、七尾市三引遺跡をとりあげる。潟湖をのぞむ台地上に立地する遺跡としては、七尾市赤浦遺跡、かほく市上山田貝塚、小松市念仏林遺跡をとりあげる。河川流域の遺跡としては、金沢市内を貫流する犀川流域および浅ノ川流域にある笠舞遺跡、東市瀬遺跡、北塚遺跡をとりあげる。くわえて現在の手取川流域に位置する莇生遺跡もとりあげる。

（1）打欠石錘の形態分類

　打ち欠き部の個所によって以下の 3 類に形態分類できる。
　A類：扁平な楕円礫の長軸の両端あるいは一端に打ち欠きがあるもの。
　B類：扁平な楕円礫の長軸・短軸両方の両端または一端に打ち欠きがあるもの。
　C類：扁平な楕円礫の短軸の両端あるいは一端に打ち欠きがあるもの。
　いずれの遺跡でもA類が主体で、B類とC類は少数である。また、なかには長径と短径がほぼ等しく、A類とC類の区分にまよう場合もある。

（2）打欠石錘の重量

　1）海岸部
　①能登町真脇遺跡
　入り江の奥の沖積低地上に立地し、北・東・西の三方は山にかこまれ、南には海がひろがっている。標高は 6〜12 m である。早期末〜前期初頭の佐波式から晩期末の長竹式までの土器型式が連綿と継続している遺跡である。
　総数 239 点出土している（山本・高堀ほか 1986）。観察表にしるされた重量

では 20.9〜1654.1 g の範囲に分布し、全体の約 70％が 101〜400 g に集中している（図 10）。

②穴水町甲・小寺遺跡

入り江に面した標高 6〜10 m の海岸段丘上に立地し、時期は前期初頭である。

調査で出土したものに表面採集品をくわえると総数 700 点以上にのぼり、そのうちの 433 点の重量が計測されており、50 g きざみで点数が報告されている（高瀬・四柳・長谷ほか 1972）。それによれば 1〜1250 g に分布し、50〜300 g がもっとも多い。301〜500 g は減少するが、それぞれ 10〜30 点みられ、600 g をこえるとごくわずかしかみられなくなる。

③七尾市通ジゾハナ遺跡

七尾湾にうかぶ能登島の西端に位置し、能登半島との海峡部になる三ヶ口瀬戸に突出する丘陵上に立地している。

88 点出土している（安・山本ほか 1997）。そのほとんどが前期に属すると考えられており、なかには後期に属する可能性もあるかもしれないが、出土状況や形態からは後期とは特定できないとされている。重量は 26.9〜897.0 g で、40〜120 g が多いと報告されている。

④七尾市三引遺跡

入り江の奥の沖積低地から丘陵上に貝塚や低湿地型貯蔵穴が形成されており、標高は約 3 m である。北・西・南の三方は山にかこまれ、東側には七尾湾がひろがっている。早期末〜前期初頭の佐波式のあとしばらく空白期間があり、中期の新崎式から晩期の下野式まであまり間断なく土器型式が連続しているが、出土量は佐波式が圧倒的多数をしめている。

4000 点以上出土していると報告されているが、報告書に観察表や実測図が掲載されているものは 61 点で、出土数全体の 1.5％程度にしかすぎない（金山・小嶋ほか 2004）。これらの 61 点について重量をみていくと、53.6〜846.5 g に分布する。53.6〜333.5 g に点数は少ないながらも万遍なく分布し、この範囲に 61 点中の 53 点がふくまれ、全体の 86.9％となる。なお、縄文土器の出土量から判断して 4000 点の大半が佐波式期の所産であると考えている。

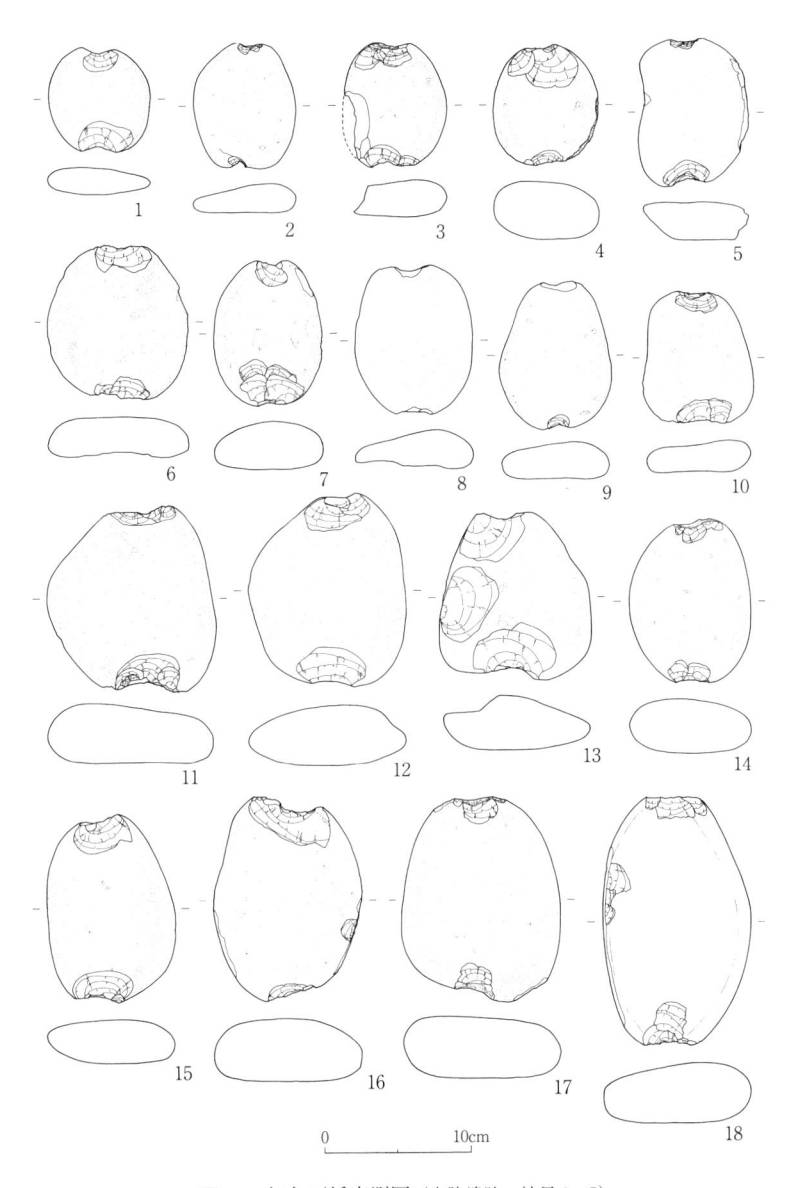

第1節　打欠石錘の用途に関する民俗考古学的研究　47

図10　打欠石錘実測図（真脇遺跡、縮尺1：5）

2）潟湖周辺
①七尾市赤浦遺跡

　赤浦潟をのぞむ標高30mの舌状台地上に立地し、中期前葉後半から後期前葉後半の集落遺跡で、貝塚をともなっている。

　わずか16点が表面採集されているにすぎない（唐川・四柳ほか 1977）。重量は35～260gに分布し、60～150gにやや集中する。180gをこえると散発的にみられる程度である。

②かほく市上山田貝塚

　河北潟をのぞむ台地の斜面に形成されている。前期末から中期の縄文土器が出土しており、中期前葉後半から中葉が主体である。

　第1次調査で6点、第2次調査で11点、合計17点出土している（平口・高堀・小島ほか 1979）。14.0gから813.3gまで大小さまざまであるが、60～140gが半数をしめている。

③小松市念仏林遺跡

　木場潟・今江潟・柴山潟の加賀三湖にかこまれた台地上に立地する。中期前葉から中葉にかけての集落遺跡である。

　総数237点出土しているほかに、素材となる扁平礫も146点出土している（樫田・望月ほか 1988）。重量は11.9～293.6gの間に分布し、60～100gが多く、ついで30～50gと110～130gとなり、150gをこえると点数は少なくなる。

3）河川流域
①金沢市東市瀬遺跡

　浅野川とその支流の岩谷川にはさまれた河岸段丘上に立地し、標高は108mである。中期中葉から後期初頭まで継続した集落遺跡である。

　完形品が138点出土している（増山・南ほか 1985）。重量は24.5～343gに分布し、10gごとにみた点数の分布は60・70g台および110g台の二つの頂点があり、160gより重くなると極端に少なくなって数点ずつとなる。

②金沢市笠舞遺跡

犀川流域の河岸段丘状に立地する集落遺跡で、前期中葉から後期前葉までの土器が出土しており、そのなかでも中期後葉を主体としている。

第2・3次調査では1116点出土しており（上田・南ほか 1981）、完形品1001点、欠損品は115点である。もっとも軽いものは8g、もっとも重いものは870gで、30～90gが全体の7割弱をしめている。150～170gをこえると点数は減少して数点ずつになり、それが550gまでつづいている。

③金沢市北塚遺跡

犀川と伏見川、十人川が合流する地点に位置し、これらが形成した自然堤防に立地し、標高は約5mである。中期中葉から後期初頭の集落遺跡で、中期後葉を主体とする。

第14次調査では28点出土している（谷口・山本ほか 1998）。観察表に記載されている23点から重量をみていくと、70～300gに分布し、78.3％が70～180gの間にはいり、200g台は4点である。

第15次調査では63点出土している（浅野・沢田ほか 1999）。観察表に記載されている30点から重量をみていくと、20.5～191.9gに分布し、100.1～110.0gが8点とやや多いが、全体に万遍なくひろがっている。

第14次と第15次をあわせると、20.5～300gに分布し、40～160gが77.4％をしめている。

④能美市莇生遺跡

能美丘陵のほぼ中央に位置する舌状台地上に立地し、この舌状台地はその北側にひろがる手取川扇状地にとびだす形になっている。中期中葉から中期後葉の集落遺跡で、中葉の古府式期を主体としている。

総数1032点をかぞえ、重量は8.9gから297gまでである（西野 1978）。10g単位に分類された表が作成されている。それによると、30～69gが52.2％と半数をしめており、20～99gでは85.4％となり、120gをこえると点数はそれぞれ10点未満となる。

4）まとめ

　能登半島の海岸部の遺跡でみられる打欠石錘の重量は21〜1654gに分布し、真脇・甲小寺・三引の3遺跡では50〜300gあるいは100〜400gが多い傾向にある。それに対して通ジゾハナ遺跡だけは40〜120gと軽量のものが多くなっている。

　潟湖周辺の赤浦・上山田・念仏林の3遺跡では打欠石錘の重量は12〜813gに分布し、60〜140gのものが多くなっている。

　河川流域の4遺跡では打欠石錘の重量は8〜870gに分布する。犀川・浅野川流域の東市瀬・笠舞・北塚の3遺跡では遺跡によって若干差があるものの、40〜110gのものが多く、160gをこえると点数が少なくなっている。それに対して莇生遺跡では20〜100gの軽量のものが多く、120gをこえるものが少なくなる傾向にある。

8. 結論と今後の課題

　さきに考古資料や文献資料、民具資料の検討をとおして漁網錘の重量と編物石の重量を明示してきた。ここでは、それらの重量と打欠石錘の重量を比較し、8gから1654gまでと重量幅のひろい打欠石錘の用途を推定していく。

　考古資料や文献資料、民具資料では、漁網錘では3g前後から90gまでが多く、110gをこえるものはきわめて少なくなるので、8〜110gの打欠石錘は漁網錘になる可能性がある。また、渡辺誠氏の指摘する第1群製品の石錘の重量は20〜80g、第2群製品の石錘の重量は80〜180gであることから、これらは第1群製品の編物石および第2群製品の編物石の一部になる可能性もある。110gをこえて880gまでの打欠石錘は第2〜4群製品の編物石になる可能性がある。880gをこえる打欠石錘については、漁網錘や編物石にならず、べつの用途であった可能性が推測されてくる。また、880g以下の打欠石錘についてもべつの用途があった可能性も否定できない。

　今後にのこされた課題としては、以下の点を指摘しておきたい。

まず、漁網錘説を採用した場合、第一に十分な根拠をしめして具体的な網漁法をしめすことが必要になってくる。第二に、縄文時代後晩期から弥生時代にかけて打欠石錘はほとんど出土しなくなるが、一網打尽にできて効率的な打欠石錘をつかった網漁がその時期になぜおこなわれなくなるのか、ということを説明する必要がある。第三に、石川県内では中期前葉から晩期までもじり編みによる編物の底部圧痕がみられるが、それらの錘具となる遺物は何で、それが遺跡からどのような出土状況をしめしているのか、ということを明示する必要がある。このような課題のほかに、打欠石錘を漁網錘としてつかうことができるという実験考古学の成果を根拠にする研究者は、それをみとめた場合、自然石がもじり編みの錘具としてつかうことができればそれに簡略な打ち欠きをほどこした打欠石錘ももじり編みの錘具としてもつかえるので、民俗例という長い年月をかけて蓄積されてきた実験の成果から編物石の用途も同時にみとめなければならなくなることを理解する必要がある。

つぎに、編物石説をとる研究者では、遺跡によっては打欠石錘を大量に出土する場合があり、なぜ大量に出土するのか、その理由を説明する必要がある。編物石はそれほど消耗せず、長期間使用できる石器なので、とくにそれを主導する渡辺誠氏は納得のいく解釈をしめす必要がある。

第2節　扇状地の河川における漁労活動

1. 網漁と陥穽漁

縄文時代の北陸における漁労活動に関する解釈がおこなわれていないなかで、高堀勝喜氏は「気屋式以降の後・晩期遺跡では、晩期はじめの金沢市近郊御経塚遺跡（石川県石川郡野々市町）で石錘一点が表面採集されたとつたえる

ほか、いまだ石錘の発見を報告した例は皆無である。そして石錘が忽然として姿をけしたことに歩調をあわせ、遺跡の激減と小規模化がはじまり、北陸中枢圏は急速に消滅するのである」（高堀 1965：145頁）とのべ、「その原因を石錘を重視する立場からすれば、中期以降、河川・湖沼において、定置または流し網漁法などで比較的容易に漁獲ができ、しかも保存食に適する、前述したサケ・マスの類が、乱獲のために数量を減じたか、あるいは海流の関係で、半島周辺の海域にあまり回游しなくなったかなどにより、漁撈が主生業の地位をうしなっていったことにもとめられるであろう」（146頁）と解釈している。

しかしながら、高堀氏の解釈には多くの問題がふくまれている。今から50年ちかくも前の論文に対して問題点を指摘するのも気がひけるが、その時点での課題を明確にするために、指摘しておきたい。第一に、石錘が細分されず、一括されてとりあつかわれている点である。切目石錘、有溝石錘、打欠石錘などに分類して考察する必要がある。第二に、打欠石錘の用途の検証がおこなわれていない点である。打欠石錘が漁網錘であることを前提のもとで解釈するのならば、同様にそれが編物石であることを前提とした解釈もおこなわなければならない。第三に、網漁が定置網漁または流し網漁とするが、そのように考える根拠が提示されていない点である。民俗例や生活体験をもとに解釈をしているのならば、それらの具体的事例を列記して解釈モデルを提示する必要がある。第四に、山内清男氏のサケ・マス論はあくまで作業仮説で、サケ・マスの魚骨を検出して実証しなければならない点である。第五に、乱獲がすすんだことの裏づけをとる必要がある点である。第六に、海流が変化したことの裏づけをしめさなければならない点である。

また、高堀勝喜氏と平口哲夫氏は、上山田貝塚の「遺物から推定された漁法として、骨製ヤスによる刺突漁法、礫石錘を用いた網漁法、それに弓矢による漁法がある」（平口・高堀・小島ほか 1979：167頁）と指摘し、それにつづけて「しかし、潟漁の民俗例を参考にするならば、縄文時代の内水面漁撈において実際に重きをなしたのは、ヤナ、ウケ、エリといった陥穽具や、カゴ・網をつけた掻具など、かえって遺物として残りにくい漁具が威力を発揮したのでは

あるまいか」（167 頁）と指摘している。

　筆者も基本的には後者の指摘のように考えており、そうした漁法のほかに『石川縣湖潟内灣水面利用調査報告』（石川縣水産試験場　1912ab・1913ab）を根拠として柴漬け漁や箱漬け、タモ網、手づかみなどの漁法がおこなわれていたことも想定している。これは河北潟にとどまらず、今江潟・木場潟・柴山潟の加賀三湖や邑知潟でも同様であったと考えている。つぎの段階として、ウケやエリ簀はどのような技術で製作されたのか、ということが問題となってくる。それらは錘具をもちいたもじり編みで製作されるし、カゴも錘具をもちいたもじり編みで製作でき、その錘具に自然石とともに打欠石錘をあてることも可能である。陥穽漁は潟湖ばかりでなく、手取川扇状地の河川においてもさかんにおこなわれたと推測している。

2．サケ・マス漁

　金沢市米泉遺跡のＰ90と遺構名がつけられたピットからサケ属の椎骨の断片が確認されている（金子　1989）。Ｐ90は環状木柱列の中央部で検出されたことから、それにともなうピットであると判断されており、環状木柱列の所属時期は縄文時代晩期中屋式新の段階と報告されている（西野ほか　1989）。

　また、野々市市ふるさと歴史館館長の市村正則氏のご教示によれば、父親の市村正規氏が、昭和初期、昭和3（1928）年頃から昭和7（1932）年頃、押野村字上荒屋（現金沢市上荒屋）までのぼってきた白身のサケを捕って冬場の保存食にした、と生前によく話をしていたという。当時は水門がなかったので、秋になると安原川をサケがあがってきた。バイタという木の棒で水面をたたくと、サケが弱るのでそれをとる。簡単にとれる。何匹も家にもってきて塩づけにした。塩づけにしたサケを冬にたべた。

　こうした古老の話やサケ・マス論研究の現状を考慮にいれれば（松井　2010）、縄文時代後晩期には手取川扇状地でもサケやマスが重要な食料になっていたことが推測できる。

3. 今後の課題

今後の課題を指摘して本節をとじることにする。

第一に、少数ではあるが、骨角器や動物遺体の焼骨資料が検出されており、遺構の土壌の水洗選別をおこなって類例を増加させる必要がある点である。これまでに野々市市御経塚遺跡からはクジラ類の破片17点、ウミガメ類の背甲片1点、クジラ骨製の骨刀片4が出土している（新美 2003）。また、金沢市米泉遺跡からはサケ属のほかに、アオザメ歯冠部分1点、スズキ主鰓蓋骨片1点、クジラ骨の剣状加工品3片が確認されている（金子 1989）。

第二に、クジラやアオザメの入手方法の問題である。手取川扇状地の縄文人たちがそれらを捕獲したのか、海岸にうちあげられたものを利用したのか、他地域から贈答品や交易品として獲得したのか、をあきらかにすることである。海浜部での漁労活動ということばかりでなく、捕鯨は縄文式階層化社会ともかかわってくる問題であり、解決しなければならない課題である。

第 2 章

植物質食料と打製石斧からみた生業活動

第1節　自然科学的分析からみた植物質食料

1. 研究の目的と方法

　手取川扇状地の縄文時代後晩期の遺跡から打製石斧が大量に出土することはよくしられたことである。縄文時代のもっとも重要な生産用具の一つである打製石斧は縄文農耕論の中核になった石器で、クズやワラビなどの根茎類の採集用具としても推定されている。
　この地域での植物食に関する生業を復元するうえで、トチノキやドングリ類、クリ、クルミなどの堅果類が重要な食料であったことは言及するまでもないことである。解決しなければならない重要な課題は打製石斧の用途を確定することと、打製石斧によって採集、栽培された食用植物を特定することであると考えている。
　そこで本節では、打製石斧によって採集あるいは栽培された植物質食料を自然科学的な分析方法によって検出することを目的としている。具体的な分析方法としては、最近いちじるしい成果のあがっている残存デンプン粒分析をはじめとして、レプリカ・セム法、炭素・窒素安定同位体分析を採用している。また、遺構覆土を水道水で篩がけするという古式ゆかしい水洗選別法ももちいている。

2. 土壌水洗選別による植物質食料の検出

　この方法は遺構覆土を現場で採取し、室内で土壌を篩で水洗して植物種実を採集し、その種類を植物学者に同定してもらう方法である。

(1) 金沢市新保本町チカモリ遺跡

堅果類の大型種子として、オニグルミ、クリ、アカガシの出土が報告されている（古池 1986）。この他に、ケヤキ、スイカズラ属の一種、ヤマブドウ、カナムグラ、オヤブジラミ、ミゾソバ、タデ属の一種、エノコログサ属の一種が出土している。

(2) 金沢市米泉遺跡

大型植物化石としてクリ、トチノキ、オニグルミなどが出土しており、栽培植物としてエゴマ近似種、シソ近似種、アサが出土している（南木 1989）。河川跡中央部からトチノキの人為的泥炭層が確認されており、このトチ塚から大型種子ではトチノキ、クリ、オニグルミ、小型の種子ではニワトコ、クワ属、サルナシ、栽培植物としてはアサ、エゴマ、シソが検出されており、野生のヤブツルアズキとほぼ同じ大きさのマメ粒が1点検出されている（松谷 1989）。

(3) 金沢市中屋サワ遺跡

河川跡 SD 40 の断面図を作成後、A1地点とB1地点の2個所で上層から下層にむけて柱状にブロック状の塊の土壌が採取されている。両地点とも6試料が採取され、①から⑥の試料番号がつけられた。発掘調査報告書（谷口・前田ほか 2009）の第5図を参考に各試料の出土層位・体積・重量をしるしていくと、A1-①は第78層・1200 cm^3・1.91 kg、A1-②は第71層・1716 cm^3・2.45 kg、A1-③は第67層・1650 cm^3・2.44 kg、A1-④は第63層・1050 cm^3・1.18 kg、A1-⑤は第17層・1014 cm^3・1.27 kg、A1-⑥は第14層・2040 cm^3・1.99 kg、B1-①は第67層・1701 cm^3・2.25 kg、B1-②は第66層・1890 cm^3・3.08 kg、B1-③は第60層・1721 cm^3・2.63 kg、B1-④は第39層・1920 cm^3・2.32 kg、B1-⑤は第17層・2760 cm^3・3.47 kg、B1-⑥は第3層・3060 cm^3・4.21 kg、である。これらを調査担当者の谷口宗治氏から 2003（平成15）年12月にゆずりうけ、2005（平成17）年に筆者と奥野絵美氏が 0.8 mm メッシュの篩で水洗

いして種実を採集した。2008（平成20）年晩秋に、那須浩郎氏と佐々木由香氏に種実の同定を依頼した。

　大型植物遺体としてはトチノキ、オニグルミ、コナラ属、栽培植物としてはエゴマ近似種が出土している（那須・佐々木 2009）。

3.　土器圧痕による植物質食料の検出

（1）縄文土器の底部圧痕の調査

　網代圧痕やスダレ状圧痕などの底部圧痕とイネの籾圧痕や雑穀の圧痕の有無を確認することを目的として、1980（昭和55）年から1981（昭和56）年にかけて樫見敦子氏とともに野々市市御経塚遺跡の第2～8次調査で出土した縄文土器の底部11,517を調査した（川端 1983）。底部圧痕でそれまでほとんど類例がしられていなかった編布圧痕やカゴ底圧痕（渡辺 1983）をあらたに発見することができるくらいに注意深く観察をおこなったが、穀類の圧痕をみつけることはできなかった。

（2）レプリカ・セム法による植物質食料の検出

　土器の圧痕にシリコンを注入してレプリカを作製し、それを走査型電子顕微鏡（Scanning Electron Microscope：SEM）で観察し、食料となった植物種実を同定する方法である。

　九州を中心に縄文土器にのこされたコクゾウムシの圧痕を検出し、縄文農耕論を進展させた山崎純男氏の研究に感化され（山崎 2005）、2005（平成17）年8月に野々市市（旧石川郡野々市町）内の縄文遺跡から出土した後晩期の土器を奥野絵美氏とともにもう一度丹念にみなおした。残念ながらコクゾウムシの圧痕は発見できなかったが、御経塚遺跡と三日市A遺跡からイネの籾圧痕と判断できる圧痕のついた縄文土器を1点ずつ発見することができた。これらは植物学者や農学者の正式な同定をうけたわけではないので、イネの籾圧痕と断

定することはできないが、御経塚遺跡から出土した弥生時代前期末柴山出村式の土器に付着しているイネの籾圧痕に酷似している。これら 2 点はいずれも長竹式に属するもので、丑野毅氏にレプリカの作製と走査型電子顕微鏡写真の撮影を依頼し、吉田淳氏が野々市町史通史編で報告をしている（吉田 2006a）。筆者も拙著『文理融合の考古学』で報告している（山本 2007b）。

　御経塚遺跡のイネの籾圧痕が付着している長竹式土器については、すでに筆者が前処理から測定までを担当し、AMS 炭素 14 年代測定を 2 回実施している。その結果は、第 1 回が 2742±250 BP（試料番号 17 OKD 06，NUTA-5529）、較正年代が 1258（　）1234, 1216（897）759, 682（　）666, 635（　）590, 579（　）556、第 2 回は 2668±167 BP（試料番号 17 OKD 06，NUTA-5646）、較正年代が 998（818）760, 680（　）668, 626（　）624, 613（　）593, 574（　）564 で、その平均値は 2704±150 BP、較正年代は 1004（818）787 である（小田・山本 2001、山本 2007b）。長竹式にもかかわらず、較正年代は下野式に相当し、けっして良好な測定値とはいいがたかったので、2007 年に工藤雄一郎氏に依頼し、おなじ土器から試料を採取して再度測定をおこなった。その結果は、2545±30 BP（17 OKD 2007-1，NUTA 2-12797）と 2575±35 BP（17 OKD 2007-2，NUTA 2-12798）で、長竹式としては妥当な炭素 14 年代となった（工藤・小林ほか 2008ab）。

　また、この観察でもアワ・キビといった雑穀の検出も意識しながら作業をすすめたが、それらを確認することはできなかった。

4. 炭素・窒素安定同位体比分析による植物質食料の検出

　植物質食料を特定できないまでも、それを類推するための状況証拠をつかむために、縄文土器の内面に付着した炭化物、お焦げの炭素・窒素安定同位対比分析を実施した。お焦げの炭素と窒素の安定同位体比を測定するとともに、炭素含有量と窒素含有量を測定して C/N 比を算定し、お焦げの元の食材を推定する方法である。

表6 御経塚遺跡の土器付着炭化物の炭素・窒素安定同位体比分析結果
(工藤・小林ほか 2008ab を改変)

試料番号	遺跡名・地区名	型式名	部位	状態	$\delta^{13}C$ (‰)	$\delta^{15}N$ (‰)	C (%)	N (%)	C/N (mol)
104	御経塚シンデン	馬替	口縁内	焦	-24.1	6.3	25.4	3.1	9.7
105	御経塚シンデン	馬替	口縁内	焦	-24.7	7.9	28.9	3.3	10.2
107	御経塚シンデン	馬替	胴内	焦	-25.8	7.3	36.7	4.0	10.7
115	御経塚ブナラシ	酒見	口縁内	焦	-21.3	6.8	32.0	3.0	12.5
121	御経塚ブナラシ	酒見	口縁内	焦	-21.7	8.0	24.0	4.2	6.7
122	御経塚ブナラシ	酒見	口縁内	焦	-25.0	—	—	—	—
123	御経塚ブナラシ	酒見	口縁内	焦	-24.9	9.3	43.3	2.3	21.7
159	御経塚ブナラシ	酒見	口縁内	漆膜	—	—	—	—	—
112	御経塚ブナラシ	中屋（大洞 C 1-2）	胴内	焦	-30.7	2.3	71.5	0.5	161.6
116	御経塚ブナラシ	中屋（大洞 C 1-2）	胴外	煤	-24.9	8.4	49.3	3.1	18.4
125a	御経塚ブナラシ	中屋（大洞 C 1-2）	口縁内	焦	-24.0	10.4	44.7	4.3	12.0
126	御経塚ブナラシ	中屋（大洞 C 2-1）	胴外	吹	-25.1	7.1	55.6	3.1	20.7
151a	御経塚ブナラシ	中屋（大洞 C 1-1）	胴内	焦	-26.8	2.4	60.1	2.0	34.5
152a	御経塚ブナラシ	中屋（大洞 C 1-1）	胴内	焦	-24.5	3.5	61.1	3.8	19.0
152b	御経塚ブナラシ	中屋（大洞 C 1-1）	胴内	煤	-25.1	4.6	55.9	3.1	20.8
154	御経塚ブナラシ	中屋（大洞 B-C 2?）	胴外	煤	-25.5	0.3	60.1	3.2	22.2
129	御経塚ブナラシ	下野（大洞 C 2-2）	口縁外	吹	-25.4	8.0	58.8	3.5	19.9
141	御経塚ブナラシ	下野（大洞 C 2-1）	胴外	煤	—	—	—	—	—
108	御経塚デト	長竹	口縁外	吹	-26.2	10.2	38.0	1.9	22.8
111a	御経塚デト	長竹（大洞 A 1?）	口縁内	焦	-26.8	3.1	52.7	3.8	16.2
111b	御経塚デト	長竹（大洞 A 1?）	口縁外	吹	—	—	—	—	—
2007-1	御経塚ツカダ	長竹	胴外	煤	-25.4	—	—	—	—
2007-2	御経塚ツカダ	長竹	胴外	煤	-25.7	—	—	—	—

野々市市御経塚遺跡から出土した後晩期の土器の付着していた炭化物17点の測定をおこなっている（工藤・小林ほか 2008ab）。このときは AMS 炭素14年代測定を主体として実施したので、外面に付着していた煤や吹きこぼれと考えられる炭化物の測定もおこなっている（表6）。付着面の内訳は内面11点、外面6点、時期の内訳は後期6点、晩期11点である。

測定の結果を図11と図12のように図示した工藤雄一郎氏は、後期内面付着

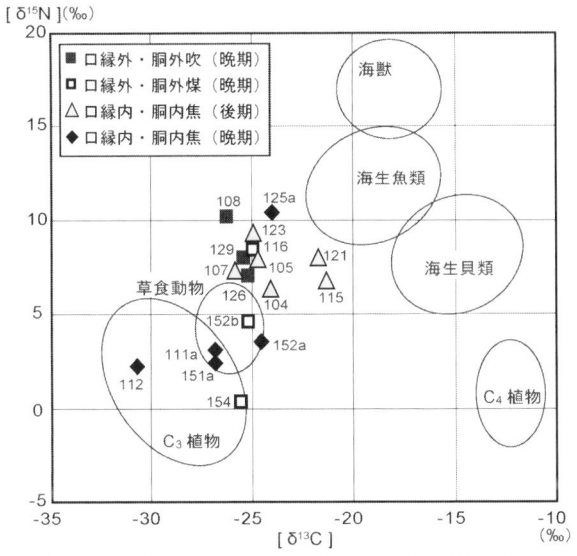

図11 御経塚遺跡の土器付着炭化物の炭素・窒素安定同位体比（工藤・小林ほか 2008b）

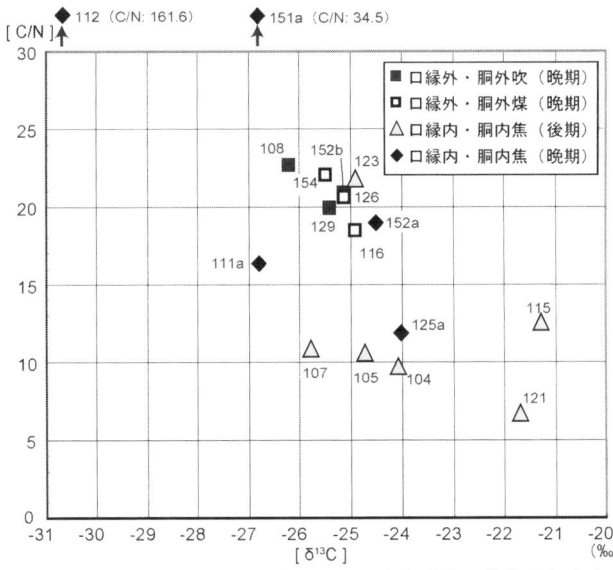

図12 御経塚遺跡の土器付着炭化物の炭素安定同位体比と炭素／窒素比（工藤・小林ほか 2008b）

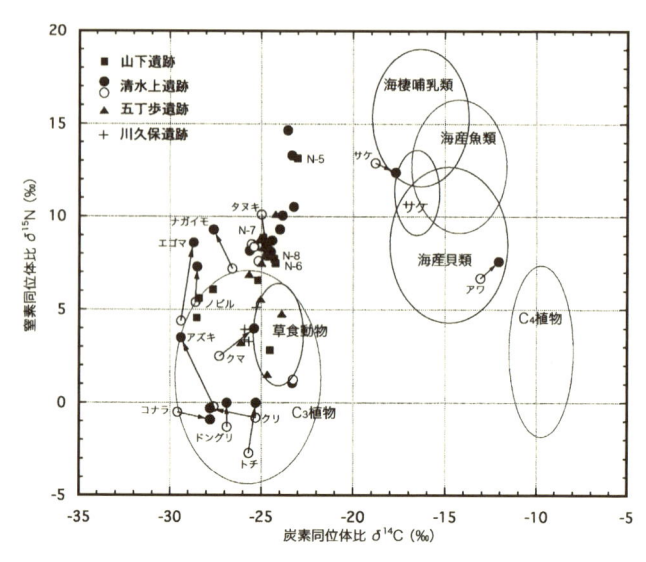

62　第2章　植物質食料と打製石斧からみた生業活動

図13　土器付着炭化物の炭素・窒素安定同位体比（吉田・西田 2009）

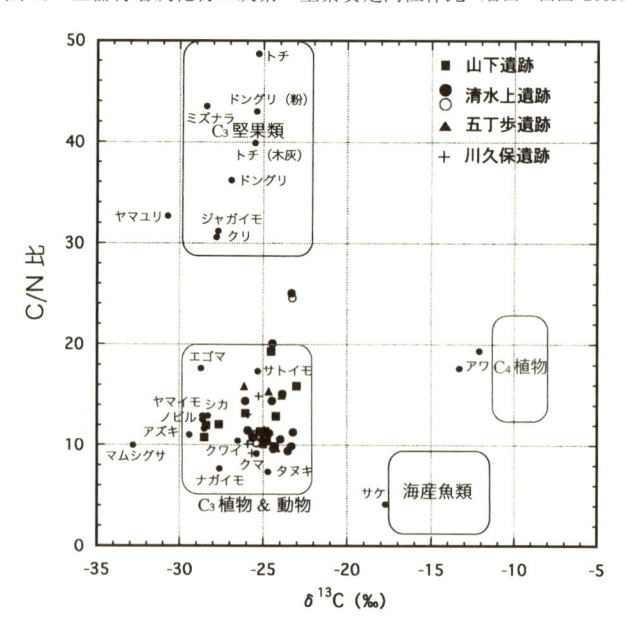

図14　土器付着炭化物の炭素安定同位体比と炭素／窒素比（吉田・西田 2009）

物のうち ISNI-115 と ISNI-121 については海産性の動物起源である可能性が高く、ほかの後期内面炭化物は海産性動物と陸上動植物を起源とする炭化物が混合している可能性を示唆している。また、晩期の土器付着物については海産物の影響をほとんどうけていないものと判断している。

ところで、ノビル球根の炭化実験をおこなった長沢宏昌氏が、土器の内面にみられるお焦げはデンプン質が一緒に煮炊きされたときにできることを指摘している（長沢 1998）。こうした指摘を西田泰民氏も炭化物の生成実験によって追認している（西田 2006）。吉田邦夫氏は実験によって生成された炭化物の分析をおこない、炭素・窒素安定同位体比を測定し、炭素含有量と窒素含有量を測定して C/N 比をもとめている（吉田 2006）。炭素安定同位体比と C/N 比の関係を図にあらわし、デンプンを主成分とするトチノキ、ドングリ類、クリは C/N＝30−50 であることをあきらかにしている。

西田氏や吉田氏がおこなった実験と分析の結果（図 13・14）と御経塚遺跡の分析結果（図 11・12）をくらべてみると、御経塚遺跡のお焦げの大半は C3 植物と草食動物に由来するか、C3 植物のみに由来しており、しかもトチノキやドングリ類、クリ、ヤマユリ以外の C3 植物に由来することがわかる。

5. 残存デンプン粒分析による植物質食料の検出

土器の内面に付着しているお焦げのなかに残存しているデンプン粒や、植物を食料化するのにつかった石皿や台石、敲石、磨石の表面に残留しているデンプン粒を抽出し、その種類を同定することによって食料となった植物を推定する方法である。

筆者は打製石斧が根茎類の採集用具で、台石が根茎類の加工用具であるという前提のもとで民俗考古学的な研究をおこなってきている（山本 2002b・2008）。しかしながら、クズやワラビ、カタクリ、ウバユリ、ヤマユリといった根茎類はその性質から植物遺体として遺跡から出土することがなく、実証性をかいたままになっている。そこで残存デンプン粒分析を利用して根茎類のデ

ンプンを検出し、仮説の裏づけをとることを目的として研究をおこなった。残存デンプン粒分析をすすめている渋谷綾子氏と上條信彦氏の協力をえて、金沢市中屋サワ遺跡と金沢市米泉遺跡、野々市市御経塚遺跡の遺物を対象に分析をおこなった（渋谷 2011、上條・渋谷・山本 2012）。

土器内面に付着したお焦げでは、中屋サワ遺跡の土器6点から合計12個、米泉遺跡1点1個、御経塚遺跡3点4個の残存デンプン粒を検出している（上條・渋谷・山本 2012）。3遺跡のお焦げから検出された円形のデンプン粒6個は、形態的にはクリやクヌギなどの堅果類、ウバユリやワラビなどの根茎類のものと類似している。また、中屋サワ遺跡の五角形を呈するデンプン粒はオニグルミの可能性が高い。

敲石・磨石では、中屋サワ遺跡4点20個、米泉遺跡2点5個、御経塚遺跡4点6個を検出している（上條・渋谷・山本 2012）。石皿と台石では、中屋サワ遺跡3点7個、御経塚遺跡4点6個を検出している。大きさや形態、偏光十字、形成核から判断して、これらはイヌビエ属、アカガシ、イネ科、キク科、ササゲ属、アラカシ・ブナなどのコナラ属、イヌタデ属、ゴマ属、カタクリ属やユリ属などの根茎類のデンプンに近似している。

6. 結論と今後の課題

本節では、打製石斧によって採集あるいは栽培された食用植物を自然科学的な分析方法によって検出することを目的としている。分析の結果から具体的に候補にあがるのは、レプリカ・セム法によって検出されたイネの籾圧痕2点、残存デンプン粒分析によって存在が推測されるワラビ、ウバユリ、カタクリ属、栽培植物としてのアサ、エゴマ、シソ、それから野生のヤブツルアズキとほぼ同じ大きさのマメ粒1点である。

イネの籾圧痕が付着した縄文土器2点はいずれも晩期の長竹式（約800〜約500 cal BC）に属する条痕文の粗製土器である。御経塚遺跡のイネの籾圧痕が検出された土器の AMS 炭素14年代は 2545±30 BP（試料番号17 OKD 2007-1,

NUTA 2-12797) と 2575±35 BP（試料番号 17 OKD 2007-2，NUTA 2-12798)
で、その較正年代は約 850〜約 500 cal BC の範囲にはいっている。また、炭素
14 生成率から紀元前 2〜1 千年紀の気候変動を勘案した今村峯雄氏は、紀元前
600 年半ばから紀元前 400 年頃までの約 2 世紀半の温暖期に水田稲作農耕が日
本列島の東へ波及した時期に相当することを指摘している（今村・藤尾 2009）。
今村氏の指摘と稲籾圧痕土器の較正年代から、手取川扇状地には長竹式後半
（約 650〜約 500 cal BC）にイネの籾あるいは栽培が伝播してきたと考えるこ
とができる。

デンプンに関しては、炭素・窒素安定同位体比分析によって御経塚遺跡のお
焦げの大半はトチノキやドングリ類、クリ、ヤマユリ以外のＣ3植物に由来す
ることが判明した。それで、深鉢での煮炊きのときにどのようなＣ3植物のデ
ンプンがつかわれたのかが問題となってくる。上記の食用植物のなかではイネ
とワラビ、カタクリ属をあげることができ、西田泰民氏と吉田邦夫氏らが実験
にもちいたクズも想定することができる。いずれにしろ、デンプンがつかわれ
たＣ3植物を具体的にあきらかにすることが今後の課題となってくる。

今後の課題としてさらに以下の 3 点を指摘することができる。

第一は、拙著『縄文時代の植物採集活動』（山本 2002b・2008）ではクログ
ワイを除外してしまったので、それを採集対象植物にくわえて考究することで
ある。2007 年 9 月にアメリカ合衆国オレゴン州のソービ島に所在するサンケ
ン・ビレッジ遺跡の発掘調査に参加する機会をえた（菅野・山本ほか 2008）。
ソービ島はコロンビア川の中洲となっており、ワパトの産出地としても有名で
ある（谷本ほか 1996）。ワシントン州オリンピア市にあるサウス・ピュージェッ
ト・サウンド・コミュニティー・カレッジのデール・クローエス氏のご教示に
よれば、この地域の先住民はドングリ類やサケにくわえてワパトも主要な食料
とすることができたため、経済基盤が安定していたという。

第二に、長竹式後半期におけるイネが栽培によるものか、籾だけがつたえら
れたものか、という点である。手取川扇状地でも遠賀川系の壺形土器が野々市
市粟田遺跡や白山市乾遺跡で出土しており、手取川上流の白山市下吉谷遺跡で

も出土している（吉田 2003c）。これらの遺跡では壺だけが出土し、煮炊き用の甕形土器は伴出していないことから、壺に稲籾をいれた贈答品としてつかわれた可能性も高く、この場合はイネの栽培はまだおこなわれていなかったことになる。

第三に、長竹式後半期にイネが当地で栽培されたのならば、それを栽培した場所が水田か、河道跡や氾濫原などの湿地か、畠かという課題である。

第2節　打製石斧出土遺跡における生業活動

1. 研究の目的と方法

本節では、第1節であきらかにした植物質食料をうけ、手取川扇状地の打製石斧が出土している遺跡における植物採集活動と作物栽培を復元することを目的としている。

目的を達成するためにとる方法については、まず、打製石斧が出土している遺跡を提示する。つぎに打製石斧の形態分類をおこない、素材と製作技術について検討をくわえ、属性分析をおこなう。石川県内の打製石斧についてはすでに個別研究をおこなっており（山本 1985）、拙稿をもとに記述していく。つぎに、打製石斧と土器の出土状況および調査面積の関係から遺跡を類型化し、その特徴をあきらかにしていく。最後に、類型化された遺跡における植物採集活動と作物栽培を復元していく。

2. 打製石斧の出土遺跡と属性分析

（1）打製石斧の出土遺跡

　手取川扇状地で1993（平成5）年3月の時点で確認できた縄文時代後晩期の遺跡は23遺跡で（表7、図15～17）、そのうち打製石斧が出土した遺跡は確実なところ18遺跡である[1]。

　打製石斧の出土状態については、各遺跡とも遺構から出土するものは少なく、そのほとんどが遺物包含層からの出土である。それで詳細な帰属時期をきめられないものが多く、打製石斧が出土しているが、所属時期を後期中葉～晩期に特定できないものは、慎重を期して出土遺跡数としてかぞえなかった。また、ここ20年あまりの間に考古資料は増加して情報の量がふえたものの、研究の水準と傾向そのものに特段の変化はない。

（2）打製石斧の形態分類

　縄文時代後晩期の打製石斧の機能は、土掘り具として一般的にみとめられている。現在、その機能が土掘り具としてみとめられていることが、将来にわたってもそのまま承認されつづけるということを意味しているわけではない。将来、

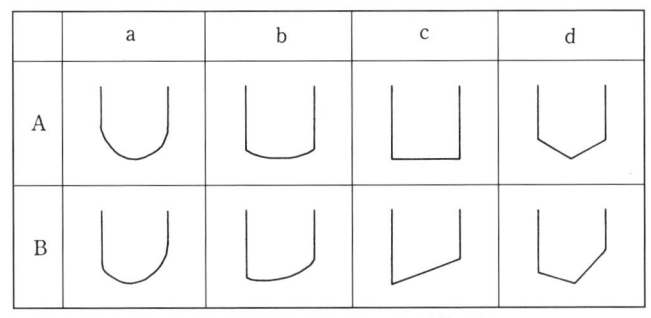

	a	b	c	d
A				
B				

図15　打製石斧の刃部による形態分類図

表7 手取川扇状地における打製石斧出土遺跡一覧表（遺跡番号は図16と一致する。）

遺跡番号	遺跡名	類型	後期				晩期		
			中葉	後葉			前葉	中葉	後葉
			加曽利B1式並行期	酒見	井口 II・III	八日市新保 I・II	御経塚 I・II	中屋 I・II	下野
1	野々市町御経塚遺跡	1	━━━━━━━━━━━━━━━━━━━━━━━━━
2	野々市町御経塚シンデン遺跡	不明		━━					
3	野々市町長池キタバシ遺跡	不明							
4	金沢市八日市B遺跡	2?	━━						
5	金沢市八日市サカイマツ遺跡	2b				━━		━━	
6	金沢市新保本町チカモリ遺跡	1							
7	金沢市米泉遺跡	1	┄┄	━━					
8	野々市町押野タチナカ遺跡	2?	┄┄	━━					
9	野々市町押野大塚遺跡	2?	━━					━━	━
10	金沢市中屋遺跡	1							
11	金沢市下福増遺跡	2?							━
12	松任市八田中遺跡	不明		━━					
13	松任市長竹遺跡	1							
14	野々市町粟田遺跡	2?							
15	野々市町清金アガトウ遺跡	2b					┄┄	━━	
16	野々市町末松遺跡	2b					┄┄	━━	
17	松任市北安田北遺跡	2b						━━	
18	寺井町和田山下遺跡	2?	┄┄	━━					
19	辰口町徳久荒屋遺跡	2b						━━	
20	辰口町下開発遺跡	2a				━			
21	辰口町岩内遺跡	1							
22	辰口町莇生遺跡	不明							━
23	辰口町長滝遺跡	不明				━			

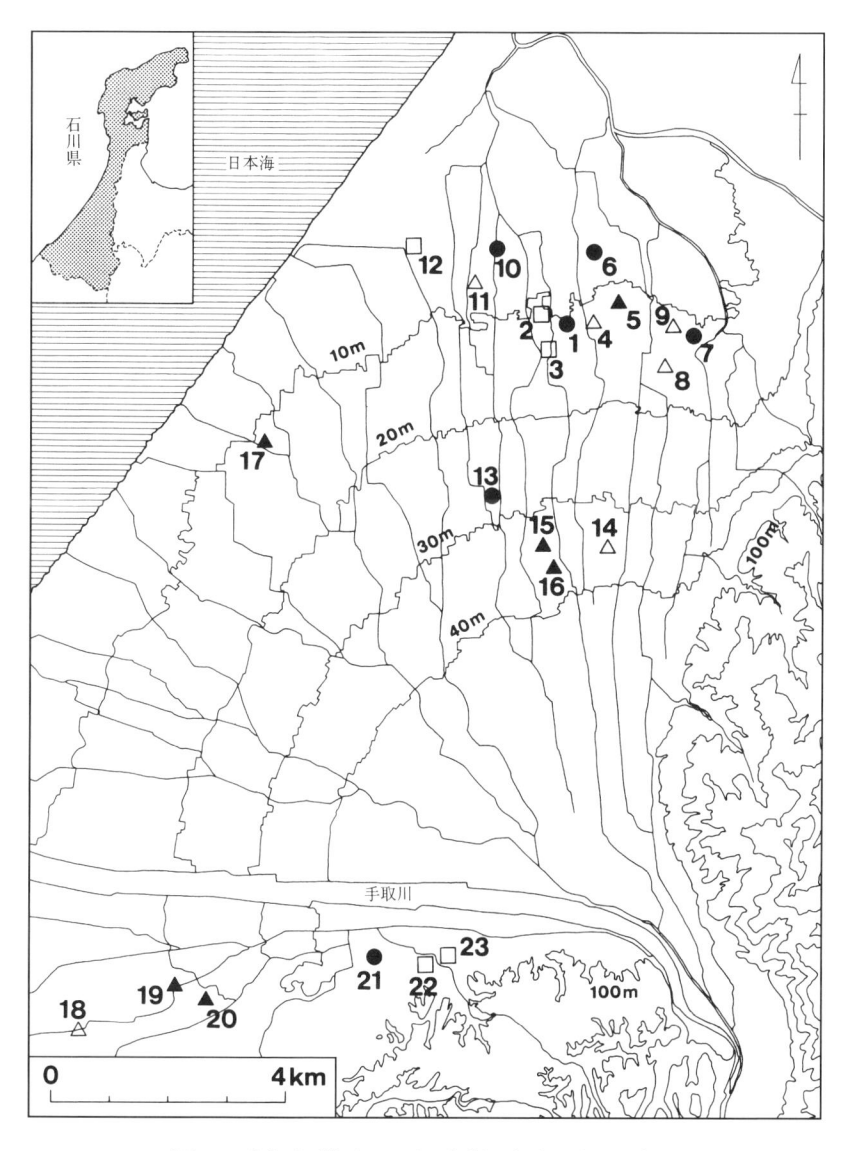

第2節　打製石斧出土遺跡における生業活動　69

図16　手取川扇状地における打製石斧出土遺跡分布図
（遺跡番号は表7・8と一致する。●：第1類、▲：第2類、△：第2類？、□：不明）

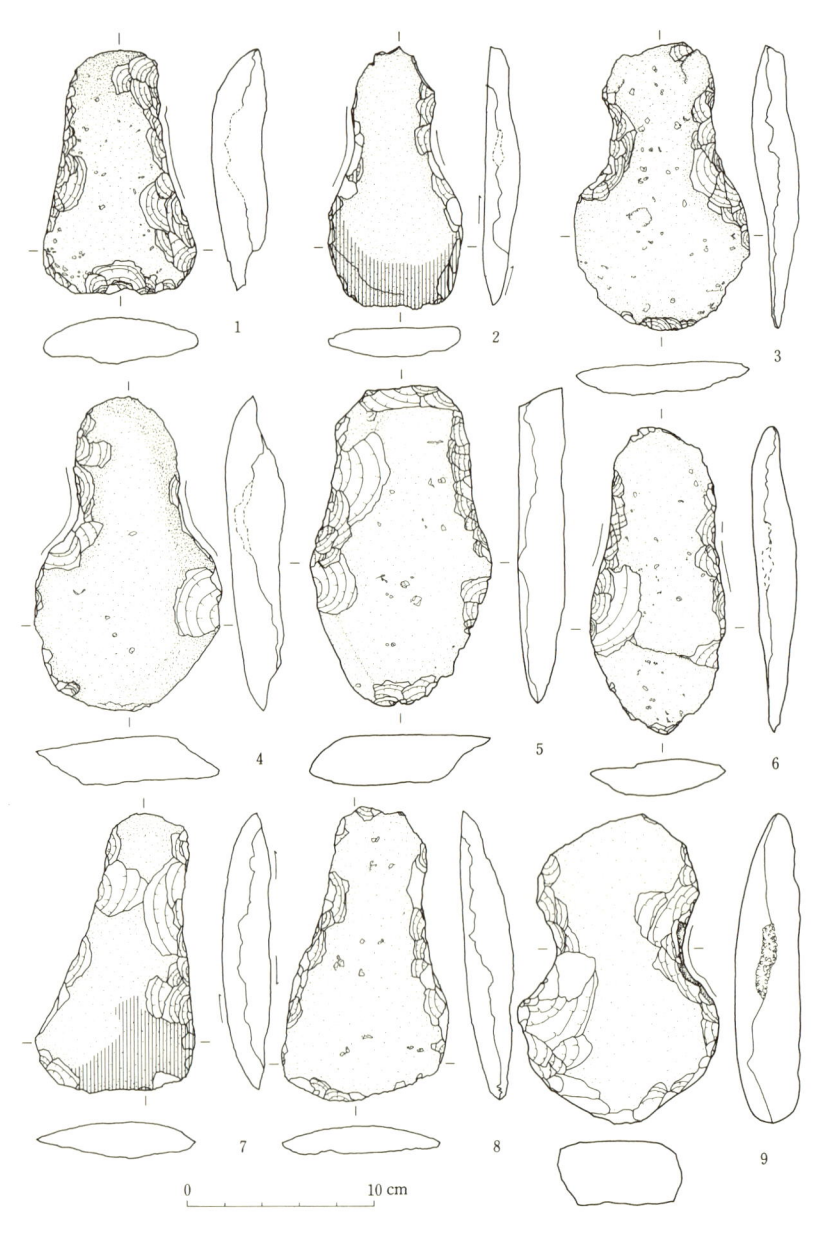

70 第2章 植物質食料と打製石斧からみた生業活動

図17 打製石斧実測図（1～8：御経塚遺跡、9：下吉谷遺跡、縮尺1：4）

研究がすすんで別の機能を有する石器としてみとめられる可能性もあるが、その機能が土掘り具であるという前提に基づいて論じている。

　土掘り具として機能する場合、もっともかかわりの深い部分は刃部であることから、刃部の形態により分類をおこなうものである。刃部の形態を特徴づけるのは刃縁の形であり、両側縁部が長軸の中心線で線対称になるようにしたときの刃縁の形である。中心線で刃部が線対称となるものをA類、線対称とならずに偏刃となるものをB類としている。さらにA類とB類はa～dの4類にそれぞれ細分することができる（図15）。

　Aa類：刃縁がまるいものである。
　Ab類：刃縁がゆるく外湾するものである。
　Ac類：刃縁が直線的なものである。
　Ad類：刃縁がV字状を呈するものである。
　Ba類：偏刃で、刃縁がまるいものである。
　Bb類：偏刃で、刃縁がゆるく外湾するものである。
　Bc類：偏刃で、刃縁が直線的なものである。
　Bd類：偏刃で、刃縁がV字状を呈するものである。

　つぎに打製石斧が比較的多く出土している遺跡を対象に、刃部のわかるものについてどういう形態のものが多いかをしらべてみた。とりあげた遺跡は御経塚・新保本町チカモリ・長竹・徳久荒屋・下開発の5遺跡である。御経塚・チカモリ・長竹の3遺跡ではB類がA類の1.5～2倍となり、偏刃が多くなっている。扇側部に位置する徳久荒屋・下開発の2遺跡では、A類とB類がほぼ同数となっており、地域によって若干の形態差がみとめられる。またAB類をとわず、ab類が多く、cd類が少ないという傾向が看取される。

（3）打製石斧の素材と石質

　打製石斧の素材に関して、石川県内ではつぎの4種類が確認されている。
　A類：河原のまるい転石である河原石
　B類：海岸のまるい転石である海岸礫

C類：河川流域から山間部にかけての段丘崖の板状礫
　D類：海岸の段丘崖や波打ち際の板状礫
　手取川扇状地の縄文遺跡から出土する打製石斧は、そのほとんどが河原石（A類）を素材として製作されたものである。C類から製作された打製石斧は、わずかに徳久荒屋遺跡から5点、下開発遺跡から4点出土しているにすぎず、B類とD類はいまのところ未検出である。ただ、C類9点についても細かな時期を特定できるものはなく、縄文時代中期後半～後期前葉の岩内遺跡テラダ地区からC類を素材とした打製石斧が出土していることから、該期にさかのぼるものも少なからず存在するものと推定している（山本ほか 1988）。
　石質について言及すると、手取川扇状地の後晩期遺跡から出土する石器の石質については、金沢大学名誉教授の藤則雄氏が同定と報告をおこなっている（藤・平本 1982）。それによれば、石質の種類としては20種あまりをあげることができ、出土点数の多い石質は火山礫凝灰岩、緑色凝灰岩、凝灰岩、角閃石安山岩、石英安山岩、安山岩、砂岩などである。やや軟質で、手頃な大きさの剥片がとれる石材が好んでもちいられているようである。

（4）打製石斧の製作技法

　製作技法に関しては、河原石のA類から打製石斧を製作する方法の一つとして扁平円礫打割技法があげられる（小林ほか 1978）。大半の打製石斧はこの技法で製作されたと考えられるが、20cmをこえるような超大型品については別の製作方法が推測される。
　野々市市粟田遺跡で打製石斧の素材の採集跡を調査した岡本恭一氏は、母岩にのこされた剥離痕や加撃痕、母岩と剥片、裂片との接合状態やそれらの出土状態から製作技法を検討し、第一の技法から第三の技法まで三つの技法の存在を推定している（岡本ほか 1991）。粟田遺跡で確認された製作技法が、手取川扇状地の後期中葉～晩期の打製石斧のなかでどれくらいの範囲におよぶのかという点は今後の検討課題である。20cmをこえるような超大型品は岡本氏がいうところの第一の技法で製作された可能性が高いと考えている。

製作場所については、その技法からみて河原で素材がとりだされていたことが以前から推測されていた（小林ほか 1978）。粟田遺跡で打製石斧の素材採集跡が検出されたことによってそれが実証されたことになり、その意味でも粟田遺跡の調査成果には大きいものがあるといえよう。

3. 打製石斧出土遺跡の類型化とその特徴

（1）打製石斧出土遺跡の類型化

打製石斧の出土点数、遺跡の調査面積、縄文土器の口縁部数、これら3者の関係性を基準に打製石斧が出土した遺跡を第1類と第2類に分類することができる。さらに、第2類は石剣、石刀、石棒など宗教的、呪術的な石製品の出土の有無によってa・bの2類に細分することができる（表8）。

この場合、打製石斧の点数は接合関係を確認したうえで、完形品も欠損品も

表8　打製石斧・調査面積・縄文土器の関係表（遺跡番号は図16と一致する。）

遺跡番号	遺跡名	分類	打製石斧(点)	調査面積(m²)	縄文土器口縁部数(点)	面積／打斧	面積／土器
1	御経塚	1	2732	3500	1801	1.3	1.9
5	八日市サカイマツ	2 b	12	1390	3	115.8	463.3
6	新保本町チカモリ	1	944	3450	1043	3.7	3.3
7	米泉	1	284	2700	1087	9.5	2.5
10	中屋	1	10	130	108	13.0	1.2
13	長竹	1	70	580	186	8.3	3.1
15	清金アガトウ	2 b	32	1800	0	56.3	—
16	末松	2 b	7	315	1	45.0	315.0
17	北安田北	2 b	37	3000	11	81.1	272.7
19	徳久荒屋	2 b	24	2920	15	121.7	194.6
20	下開発	2 a	35	5380	23	153.7	233.9
21	岩内ハチマンダ	1	58	340	957	5.9	0.4

1点として計算している。遺跡の調査面積は調査対象面積ではなく、実質調査面積とした。縄文土器の口縁部数は接合関係を確認したうえで口縁部数をかぞえ、それを点数として算出している。この方法が採用できなかった遺跡では、報告書に掲載されている拓本や実測図の数をかぞえて縄文土器口縁部数を算出した。

第1類：10 m^2 前後以下の調査面積で打製石斧が1点出土し、数平方メートルの調査面積で縄文土器口縁部片が1点出土している遺跡である。御経塚遺跡、新保本町チカモリ遺跡、米泉遺跡、中屋遺跡、長竹遺跡、岩内遺跡ハチマンダ地区が属する。

第2a類：10 m^2 前後をはるかにこえる調査面積から打製石斧がようやく1点出土し、100 m^2 をはるかにこえる調査面積から縄文土器口縁部片が1点出土している遺跡である。しかも石剣、石刀、石棒など宗教的、呪術的な石製品が出土している遺跡である。この類型に属するのは下開発遺跡のみである。

第2b類：10 m^2 前後をはるかにこえる調査面積から打製石斧がようやく1点出土し、100 m^2 をはるかにこえる調査面積から縄文土器口縁部片が1点出土している遺跡である。宗教的、呪術的な石製品が出土していない遺跡である。八日市サカイマツ遺跡、清金アガトウ遺跡、末松遺跡、北安田北遺跡、徳久荒屋遺跡などがあげられる。

（2）類型化された遺跡の特徴

第1類として把握される遺跡は、縄文時代後期中葉～晩期の北陸を代表する遺跡であり、ごく一般的な集落遺跡である。そしてこれらの遺跡における打製石斧と縄文土器の出土状況は、いずれも集落内から検出されたような状況を呈している。

一方、第2類として把握される遺跡は、調査面積が広いわりに遺物量は少なく、その遺物にしても少量の縄文土器片と打製石斧が点在しながら遺物包含層から他の時代の遺物とともに出土するといった状況である。それで、集落内から出土している、といった感じを強くはうけない。出土した縄文土器は破片に

なってしまっており、そのこと自体、後世の開墾や耕地整理などの影響をうけて細片化してしまったものであろうが、それらの原因によって遺物が移動したにしろ、それほど遠くへ大きく移動したとは考えられない。こうした事実から、このような遺物の出方をする遺跡の存在そのものを認知することができる。[2]

また、第2類は調査面積や調査位置などの条件により、数値がかわってくると予想され、あまり厳密に細分するよりもあらく分類しておく方が本質をみうしなわないのではないかと考え、第2a類と第2b類に二分している。

さらに、第2a類とした下開発遺跡からは石剣の破片が1点出土しており、祭祀や呪術、各種の儀礼に関連する遺物をもつ遺跡ともたない遺跡とでは性格がかわってくると考えられることから、第2b類と分離させた。また、第2a類の遺跡からは台石や磨製石斧も出土しており、この面でも第2b類の遺跡群とは若干様相を異にしている。逆にいえば、第2a類は第1類の範囲にいれて第1b類と分離することも可能である。しかし、本節では縄文土器と打製石斧の出土状況のあり方に着目しているため、このように分類している。

表8では12遺跡をとりあげて第1類と第2類に分類しているが、これは23遺跡のうちのほぼ半数にあたる。不明の5遺跡をのぞき、のこり6遺跡については断定するだけの根拠をしめすことができない。それをあえて分類すれば、八日市B遺跡、押野タチナカ遺跡、押野大塚遺跡、下福増遺跡、粟田遺跡、和田山下遺跡などは、疑問符つきで第2類の遺跡とすることも可能である。

4. 結論と今後の課題

第1類として分類した遺跡は縄文時代後期中葉～晩期の北陸を代表する集落遺跡ばかりで、扇側部の岩内遺跡と扇央部に位置する晩期後葉の長竹遺跡をのぞいては、標高10m前後をはかる扇端部の地下水自噴地帯に立地している。

集落周辺の庭畑でアサやエゴマ、シソ、マメ類が栽培されていたと考えることができ、これらを栽培するにあたって打製石斧も使用されたであろう。しかしながら、べつに打製石斧をつかわなくても木製の鍬や鋤でも栽培できる作物

ばかりである。また、イネが栽培されていたと考えた場合、水田や湿地では打製石斧に泥がついて有効にはつかえないので、イネの栽培につかわれたとすれば畠作ということになる。さらには、遺跡周辺や扇央部で根茎類や球根類の採集用具として使用されたことも推測できる。

　第2類の遺跡の性格づけに関しては、土器量の多寡が集落規模の大小や存続期間の長短をあらわすという前提にたつならば、第2a類の遺跡は根茎類や球根類の採集や加工を主たる生業とする集落遺跡で、短期間居住に使用されたと考えている。また、第2b類の遺跡は単に根茎類や球根類を採集するためだけにいとなまれた遺跡であったと考えている。そしてこの第2類型の遺跡は、扇側部では標高20m以下の地帯にひろがり、扇端部では第1類の遺跡の周辺に衛星遺跡的に存在し、北安田北遺跡だけが数キロメートルはなれた所に孤立して存在している。さらには、扇端部の遺跡群から4〜6kmはなれた扇央部の標高30〜40m地帯に集中している。こうした理由により、第2類の遺跡群は食料資源としての根茎類や球根類を採集する目的でいとなまれたり、それを主たる生業としたり、場所を点々とかえるような出作り小屋的な性格をもっていたものと推察している。そしてこれらは第1類の集落跡から派遣され、その経済基盤の一部をささえていたものと推測している。

　くりかえし述べてきたことであるが、手取川扇状地の発掘調査で縄文土器片がパラパラと出土し、打製石斧がポツンポツンと検出され、他の遺物はほとんど出土しないといったような状況は、1985年頃からの調査であきらかにされはじめたばかりである。このような状態で出土した縄文土器はまったくといっていいほど編年には役にたたないし、打製石斧についても何らまとまったことを論じられるわけでもない。ただ出土したことのみが報告される程度にとどまってしまう。しかしながら、こうした遺物も重要な埋蔵文化財であり、土器型式編年や個別研究には役だたないかもしれないが、役にたたないまま終わらせるのではなく、それらを活用して縄文時代の地域史研究の資料にしなければならないと考えている(3)。この点が今後の調査・研究の課題であろう。

第3節　扇状地における植物採集活動と作物栽培

1. 打製石斧による植物採集活動

　扇状地の遺跡の立地する島状微高地は、手取川やその支流河川の運搬・堆積作用によって形成された土地である。したがってその土壌は基本的には砂質土や砂層であり、ところによっては礫原となっている個所もみられる。縄文時代後期中葉〜晩期の手取川扇状地は未開拓な原野で、場所によっては落葉広葉樹と照葉樹の混合林がおいしげり、ある場所はタケ類やササ類、ススキがおいしげる荒地であったと推定できる。

　打製石斧の機能としては土掘り具が考えられており、その用途の一つとしては根茎類や球根類の採集用具が考えられている。採集対象植物として想定されている根茎類や球根類に、クズ、キツネノカミソリ、カタクリ、ノビル、ウバユリ、オオウバユリ、オニユリ、コオニユリ、ヤマユリ、ヤマノイモ、テンナンショウ、キカラスウリ、ワラビなどがある。そのうち、クズは土地がやせていても日あたりがよくて高温になる場所に繁茂し、ススキ草原に結合した植物であるとともに人間の生活の場と密接に関係する人里植物でもある。キツネノカミソリ、カタクリ、ノビル、ヤマユリ、ヤマノイモ、ワラビなどは原野や山野、山地にはえ、縄文時代後期中葉〜晩期の手取川扇状地においてはごく一般的にみられたものと推定することができる。

　以上のことを考慮すると、手取川扇状地において大量に出土している打製石斧は根茎類や球根類を採集するために、かなり効果的に機能したのではないかと推測している。そして打製石斧による生業活動は手取川扇状地の縄文遺跡の経済基盤をささえる大きな柱の一つであり、その生業のなかで大きな役割をは

たしていたものと考えている。

2. 打製石斧による作物栽培

手取川扇状地の田畠景観について、平安時代から中世にかけて扇状地の大部分は、未開の原野や氾濫による荒廃田、地力の不足による休耕地で、現在のような穀倉地帯になるのは中世も末期のことであると浅香年木氏はのべている（浅香 1988：85頁）。

扇状地では弥生時代や古墳時代の遺跡は規模も小さく、数も少ない。大きな人口が維持できるくらいに扇状地での農業生産力が高ければ、もう少し弥生時代や古墳時代の大規模な集落跡が存在してもおかしくはなく、逆に存在しないこと自体が作物栽培や農耕に適した土地でないことの傍証となるであろう。

手取川扇状地の縄文時代後晩期には作物栽培が存在しており、打製石斧も利用されたことが推測できるが、作物栽培が経済基盤全体のなかでの割合は高くなく、むしろ低かったと考えている。

3. 今後の課題

今後の課題を2点指摘しておきたい。

第一に、本章の第1節でおこなった自然科学的分析を積極的にすすめることである。

第二に、植物種実の所属する土器型式をAMS炭素14年代測定によって特定することである。土壌の水洗選別や遺構から検出された植物種実の年代は後期とか、晩期とか、大別時期でしかおさえることができないので、植物種実を試料に測定をおこない、土器型式の炭素14年代や較正年代と比較することによって属する型式を特定することができるようになる。

註
(1) 表7において時期の明確なものは実線で、不明確なものは点線であらわしている。また、表7中の遺跡の出典文献は以下のとおりである。なお、市制の施行によって野々市町は野々市市に移行し、平成の市町村合併によって松任市は白山市に、寺井町と辰口町は能美市になっている。

　1：御経塚遺跡（山本・高堀ほか 1983）、2：御経塚シンデン遺跡（吉田・横山 2001）、3：長池キタバシ遺跡（吉田 2000）、4：八日市B遺跡（増山・出越 1988）、5：八日市サカイマツ遺跡（南ほか 1990）、6：新保本町チカモリ遺跡（南ほか 1983・1984・1986）、7：米泉遺跡（西野ほか 1989）、8：押野タチナカ遺跡（野々市町教育委員会 1986）、9：押野大塚遺跡（野々市町教育委員会 1986）、10：中屋遺跡（出越 1981）、11：下福増遺跡（高堀・安村 1953）、12：八田中遺跡（久田ほか 1988）、13：長竹遺跡（中島 1977）、14：粟田遺跡（小嶋・岡本ほか 1990）、15：清金アガトウ遺跡（山本 1990）、16：末松遺跡（北野 1989）、17：北安田北遺跡（西野 1990）、18：和田山下遺跡（小坂 1987）、19：徳久荒屋遺跡（山本・北野ほか 1988）、20：下開発遺跡（山本・北野ほか 1988）、21：岩内遺跡（山本ほか 1986・1988）、22：莇生遺跡（西野 1978）、23：長滝遺跡（金沢大学考古学研究会 1976）。

(2) 手取川扇状地において、縄文土器と打製石斧のこのような出土状況のあり方を最初に指摘したのは、白山市教育委員会の金山弘明氏である。金山氏は、1985年頃に旭工業団地の造成工事の事前調査を実施したとき、縄文土器と打製石斧だけがまとまって出土し、他の遺物や遺構はまったく検出されない事実を確認している。金山氏の着眼点をもとにして、このような出土状況のあり方の解釈を試みたものである。

(3) 手取川扇状地、とくに扇央稜線北側と西側扇側部ではどの時代の遺跡を調査しても、かならずといっていいほど打製石斧が散発的に出土する。清金アガトウ遺跡は奈良～平安時代の集落跡で、1990年に（社）石川県埋蔵文化財保存協会が第2次調査を実施し、集落跡から少しはなれた小さな河道跡も調査対象区域にはいっていたため調査をおこなっている（山本 1990）。そこの小さな河道跡から打製石斧が1点出土しており、それも折れてつかえなくなったものではなく、ほぼ完形でまだまだ使用にたえるものが出土した。

　仮に、手取川扇状地の扇央稜線北側全体を縄文時代の集落遺跡と同じ精度で調査したら、集落外の島状微高地や旧河川の川岸や川底から点々と打製石斧が出土し、総量としてはかなりの数量になるのではないかと予測している。

　これまでの発掘調査は、どちらかといえば土器の出土する集落遺跡に対象を限定しがちであったように思われる。ところが、大規模な発掘調査と集落周辺や集落外をどのように調査するのかという目的意識から、そのような個所も調査するようになり、従来しられていなかった新しい知見がえられるようになってきている。集落遺跡は人間が居住した生活の場であるため、遺構や遺物が存在し、発掘をすればそれらが検出

される。集落周辺や集落外も人間の活動の場でありながら、行動の痕跡が遺構や遺物としてほとんどのこっていないので、調査の対象から除外されることが多かったように思われる。集落周辺や集落外といった人間の活動領域から歴史を復元するための情報をひきだすことが重要であると考えている。

第 3 章

環状木柱列の年代と機能・用途

第1節　掘立柱建物と環状木柱列

1. 研究の目的と方法

　手取川扇状地の集落遺跡の建物に目をむけると、後期末の八日市新保式期以降は竪穴建物が極端に少なくなり、晩期前半の御経塚式期まで竪穴建物がわずかに確認されているものの、中屋式以降は竪穴建物が検出されなくなる。その一方で、八日市新保式から晩期後半の長竹式にいたるまで縄文土器をはじめとし、石器や石製品といった遺物が多数出土するので、八日市新保式期から御経塚式期の間で竪穴建物から掘立柱建物にかわることが予測されていた。しかしながら、その検討をこころみた研究者はおらず、推測の域にとどまっていた。こうした研究状況のなか、吉田淳氏と布尾和史氏が精力的かつ詳細な分析をすすめ、八日市新保式期に掘立柱建物が出現し、中屋式期には竪穴建物にとってかわって掘立柱建物が普及し、中屋式期から下野式期、長竹式期にかけては掘立柱建物ばかりになることを解明した（吉田ほか 2003、布尾 2003、吉田 2009、布尾 2012）。これらの研究によって地域社会像の一部が具体的に復元されるので、筆者は両氏の研究を高く評価している。
　しかしながら、掘立柱建物の変遷やそれらの編年的位置づけは正確におさえられているものの、後晩期に掘立柱建物が普遍化している東北地方や新潟県では円形の掘立柱建物がみられないのに対し（荒川 2009）、それが北陸地方にだけ存在する理由について論じられていない。また、円形建物跡が屋根や壁を有した建物とする根拠が明示されておらず、問題をのこしている。
　吉田氏の円形建物や布尾氏の円形建物跡C類は環状木柱列とおなじ遺構であり、円形建物と環状木柱列を並記して円形建物・環状木柱列と書くと繁雑にな

るので、本節では一般的な環状木柱列で統一している。なお、吉田・布尾の両氏の研究を援用する部分は円形建物としている。

　前述した先行研究の問題点をふまえ、本節では以下の3点を考究することを目的としている。第一は環状木柱列の出現する土器型式を確認し、較正年代をあきらかにすることである。第二は環状木柱列の機能・用途を推察することで、第三は環状木柱列が建造された要因を類推することである。最初に吉田淳氏と布尾和史氏の掘立柱建物の変遷に関する研究成果を紹介し、両氏の研究に立脚して論をすすめていく。[1]

2. 北陸における建物の変遷

　布尾和史氏は、柱穴配置とその平面形を分類基準として9遺跡の建物跡の復元と類型化をおこなっている（布尾 2003）。まず、AからDの4類に大別し、A類は方形・長方形の柱穴配置をとるもの（図18）、B類は亀甲形の柱穴配置をとるもの（図18）、C類は円形の柱穴配置をとるもの（図19）、D類は柱穴が円周上で不定に配されるもの、としている。さらにA類（方形建物跡）を3類に細分し、A1類（1間×1間）、A2類（1間×2間）、A3類（入れ子状）としている。B類（亀甲形建物跡）はB1類（6本の柱穴）とB2類（6本以上の柱穴）に細分している。C類（円形建物跡）も3類に細分し、C1類（主柱6本）、C2類（主柱8本）、C3類（主柱10本）としている。具体的に事例の検討をおこなった9遺跡は、金沢市新保本町チカモリ遺跡、能登町（旧能都町）真脇遺跡、金沢市米泉遺跡、七尾市（旧鹿島郡田鶴浜町）大津くろだのもり遺跡、小松市六橋遺跡、白山市（旧松任市）旭遺跡群一塚地区、金沢市藤江C遺跡、富山県射水市（旧射水郡小杉町）北野遺跡、野々市市（旧石川郡野々市町）御経塚遺跡である。検討結果をもとに、後期末から晩期の建物の変遷案を提示している（図20）。

　掘立柱建物跡の出現時期に関しては、布尾氏が調査を担当した藤江C遺跡で、後期末から晩期初頭の竪穴建物跡1棟、掘立柱建物跡6棟を検出しており、図

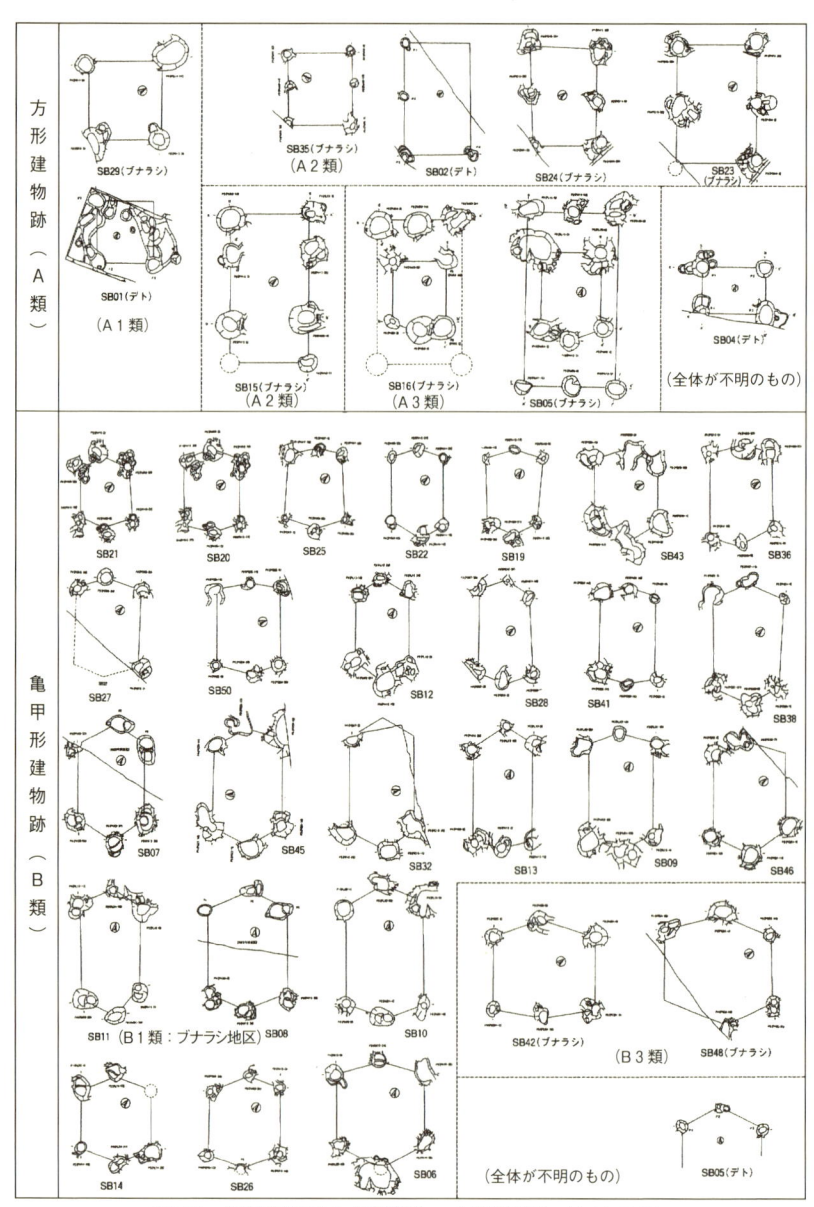

84　第3章　環状木柱列の年代と機能・用途

図18　御経塚遺跡の方形建物・亀甲形建物（布尾 2003）

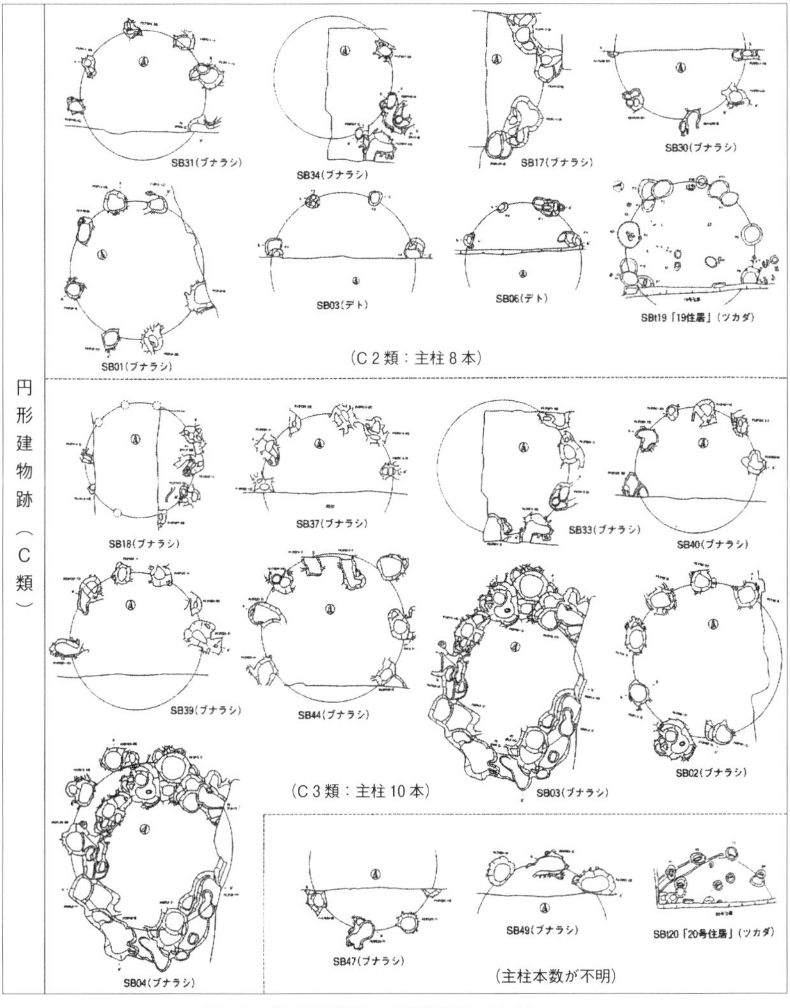

第1節　掘立柱建物と環状木柱列　85

円形建物跡（C類）

(C2類：主柱8本)

(C3類：主柱10本)

(主柱本数が不明)

図19　御経塚遺跡の円形建物（布尾 2003）

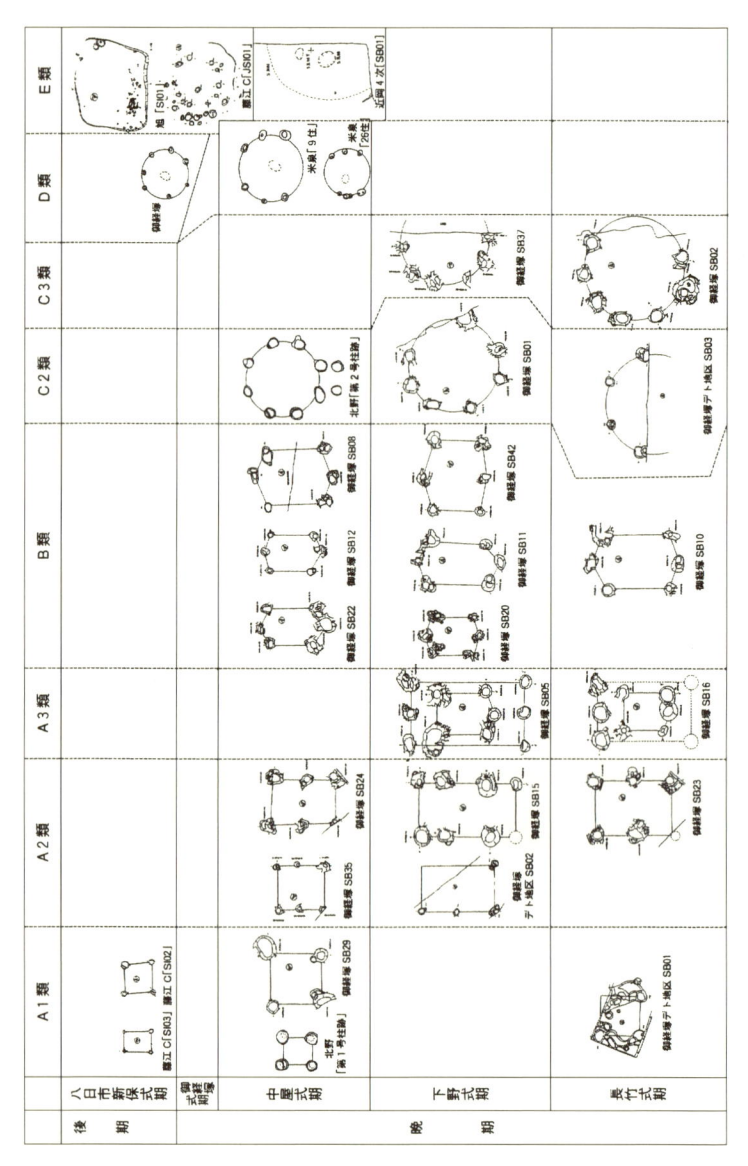

86　第3章　環状木柱列の年代と機能・用途

図20　加賀地方北部における縄文後期末～晩期の建物の類型と変遷（布尾 2003）

20 のように方形建物が出現するのは後期末の八日市新保式期と判断している。円形建物跡や亀甲形建物跡は中屋式期に出現するとしており、方形建物跡とは出現時期に年代差があることがわかる。

3. 御経塚遺跡における建物の変遷

（1）地区ごとの建物の種類と数

　地区ごとの建物の種類と数、時期ごとの建物の変遷に関して、吉田淳氏の研究成果から本節で必要な部分をぬきだして引用していく（吉田 2009）。

　御経塚遺跡の調査区は国道 8 号線の東西と史跡指定地の南北を基準にしてブナラシ地区・デト地区・ツカダ地区の 3 地区にわけられている（図 21）。ブナラシ地区は国道 8 号線の西側で史跡指定地の北側、デト地区も国道 8 号線の西側で史跡指定地およびその南側、ツカダ地区は国道 8 号線の東側である。

　建物数とそれにともなうと考えられる炉跡数をみていく。竪穴建物は 6 棟で、ブナラシ地区 5 棟、デト地区 1 棟である。単独で検出された石囲炉は 24 基で、これらの建物が竪穴になるのか、平地式になるのかは不明である、とされている。掘立柱建物は現時点では 65 棟確認されており、方形建物 14 棟、亀甲形建物 31 棟、円形建物 20 棟である。地区ごとでは、ブナラシ地区 55 棟（方形建物 10 棟、亀甲形建物 29 棟、円形建物 16 棟）、デト地区 6 棟（方形建物 3 棟、亀甲形建物 1 棟、円形建物 2 棟）、ツカダ地区 4 棟（方形建物 1 棟、亀甲形建物 1 棟、円形建物 2 棟）という内訳になる。なお、掘立柱建物については第 5 ～ 7 次調査区の再検討によっては増加する公算が強く、現時点での概数である、とされている。

（2）時期ごとの建物の変遷

　①酒見式期
　竪穴建物や石囲炉は検出されていない。

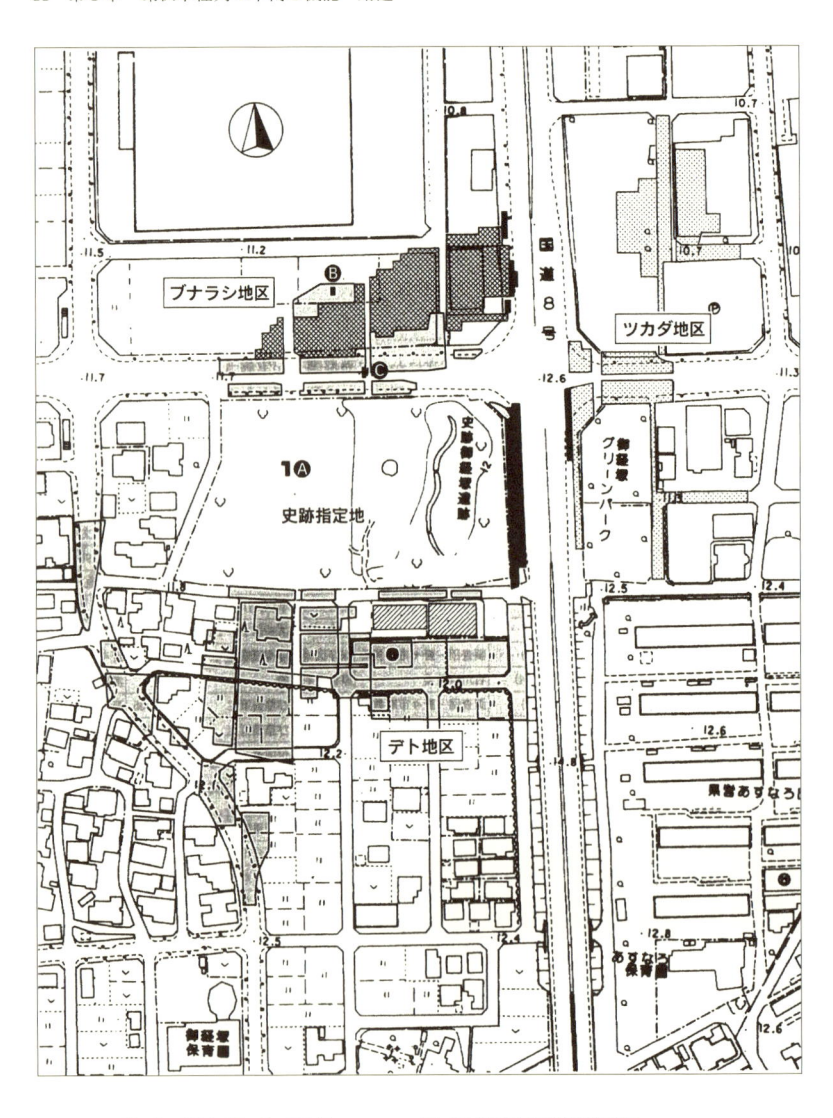

88　第3章　環状木柱列の年代と機能・用途

■　第1次調査（Ⓐ・Ⓑ・Ⓒ地点）　　　▨　第1期土地区画整理事業の調査
■　国道8号線関連の調査　　　　　　▨　第2期土地区画整理事業の調査
▨　国指定への調査　　　　　　　　　▨　出土品展示収蔵施設建設の調査（今回報告分）

図21　御経塚遺跡の発掘調査区位置図（吉田 2009）

②井口1式期（井口Ⅱ式期前半）

石囲炉5基のみである。

③井口2式期（井口Ⅱ式期後半）

竪穴建物3棟、石囲炉9基である。

④八日市新保式期

石囲炉5基のみである。

⑤八日市新保式期〜御経塚式期

竪穴建物3棟で、そのうちの1棟は八日市新保2式期、別の1棟は御経塚式期と推定されている。

⑥中屋式期

掘立柱建物は23棟（ブナラシ地区19棟、デト地区1棟、ツカダ地区3棟）で、形態別では方形建物3棟（ブナラシ地区3棟）、亀甲形建物11棟（ブナラシ地区10棟、ツカダ地区1棟）、円形建物9棟（ブナラシ地区6棟、デト地区1棟、ツカダ地区2棟）である（図22）。

吉田淳氏は「中屋2式期からブナラシ地区で掘立柱建物が確認できる。10本柱円形建物SB18と1×2間の方形建物SB35が隣接し、亀甲形建物が河道流路と平行するように帯状に分布する」（吉田 2009：63頁）と指摘している。そして中屋3式期に3地区すべてで掘立柱建物が出現し、デト地区とツカダ地区でも円形建物がみられるようになり、5棟いずれもが8本柱であることを指摘している。

⑦下野式期

掘立柱建物は28棟（ブナラシ地区26棟、デト地区2棟）で、形態別では方形建物5棟（ブナラシ地区4棟、デト地区1棟）、亀甲形建物17棟（ブナラシ地区16棟、デト地区1棟）、円形建物6棟（ブナラシ地区6棟）である（図23）。つぎにその変遷をみていくと、下野式前半8棟（方形建物1棟、亀甲形建物5棟、円形建物2棟）、下野式前半〜下野式後半17棟（方形建物3棟、亀甲形建物10棟、円形建物4棟）、下野式後半〜長竹式？3棟（方形建物1棟、亀甲形建物2棟）となる。

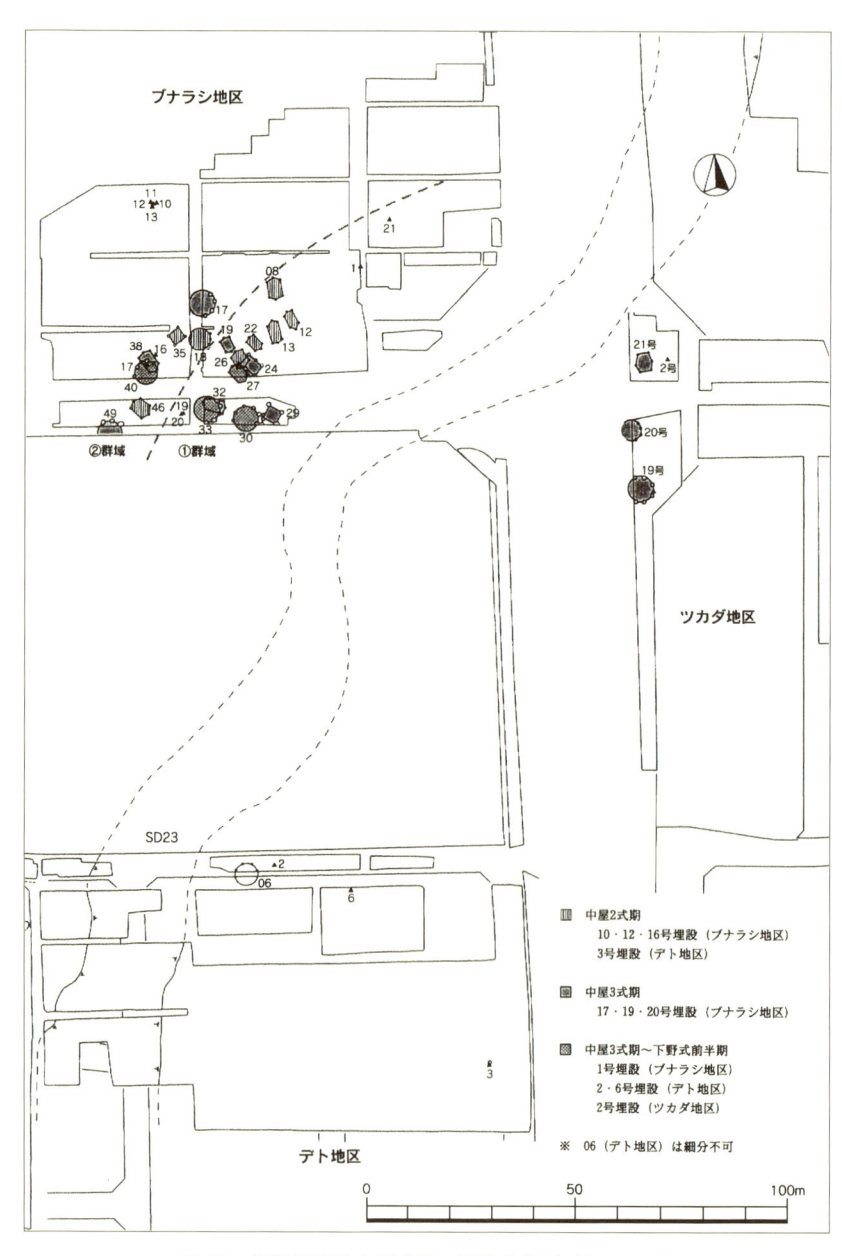

90　第3章　環状木柱列の年代と機能・用途

図22　御経塚遺跡中屋式期の建物分布図（吉田 2009）

⑧長竹式期

　掘立柱建物は13棟（ブナラシ地区9棟、デト地区3棟、ツカダ地区1棟）で、形態別では方形建物6棟（ブナラシ地区3棟、デト地区2棟、ツカダ地区1棟）、亀甲形建物2棟（ブナラシ地区2棟）、円形建物5棟（ブナラシ地区4棟、デト地区1棟）である（図24）。

（3）まとめ

　以上のように、吉田淳氏は御経塚遺跡における建物関係の遺構を概観し、「後期段階では、石囲炉と竪穴住居で構成されている。石囲炉は住居の核になるものであるが、この住居形態が竪穴かまたは平地式となるかは不明である。後期末から晩期前葉段階では壁が低く石囲炉のみられない竪穴住居を帰属させたが、集落様相は不明としか言えない状況である。晩期中葉以降からはブナラシ地区で掘立柱建物の変遷や分布状況をある程度示すことができた」（吉田 2009：66頁）とのべている。

　石囲炉に関しては吉田氏とは若干見解がことなっているので、私見をのべることにする。北陸の縄文中期〜後期前半における炉の変遷（山本 1987）や前述の掘立柱建物の地床炉のあり方から考えて、単独で検出された石囲炉24基は当然屋外炉でなく、なかには平地式の掘立柱建物にともなうものもあるかもしれないが、大半はもともと半地下式の竪穴建物にともなっていたものが、壁が削平されて床面の石囲炉だけがのこって検出されたものと考えている。それで竪穴建物6棟と石囲炉24基が単独で検出されていることから、竪穴建物は最低でも30基は存在していたと考えることができる。

　また、後期の土器が埋設される石囲炉は、土器が灰の一時的な貯蔵部、石囲い部分が燃焼部になると推測されるので、複式炉の一種類と考えることができる。北陸では中期後葉に石組炉を二つ連結させた複式炉が分布しており（山本 1987）、それが形態をかえて後期中葉の酒見式にふたたび出現し、後期末の八日市新保式期まで残存したと推測している。

92　第3章　環状木柱列の年代と機能・用途

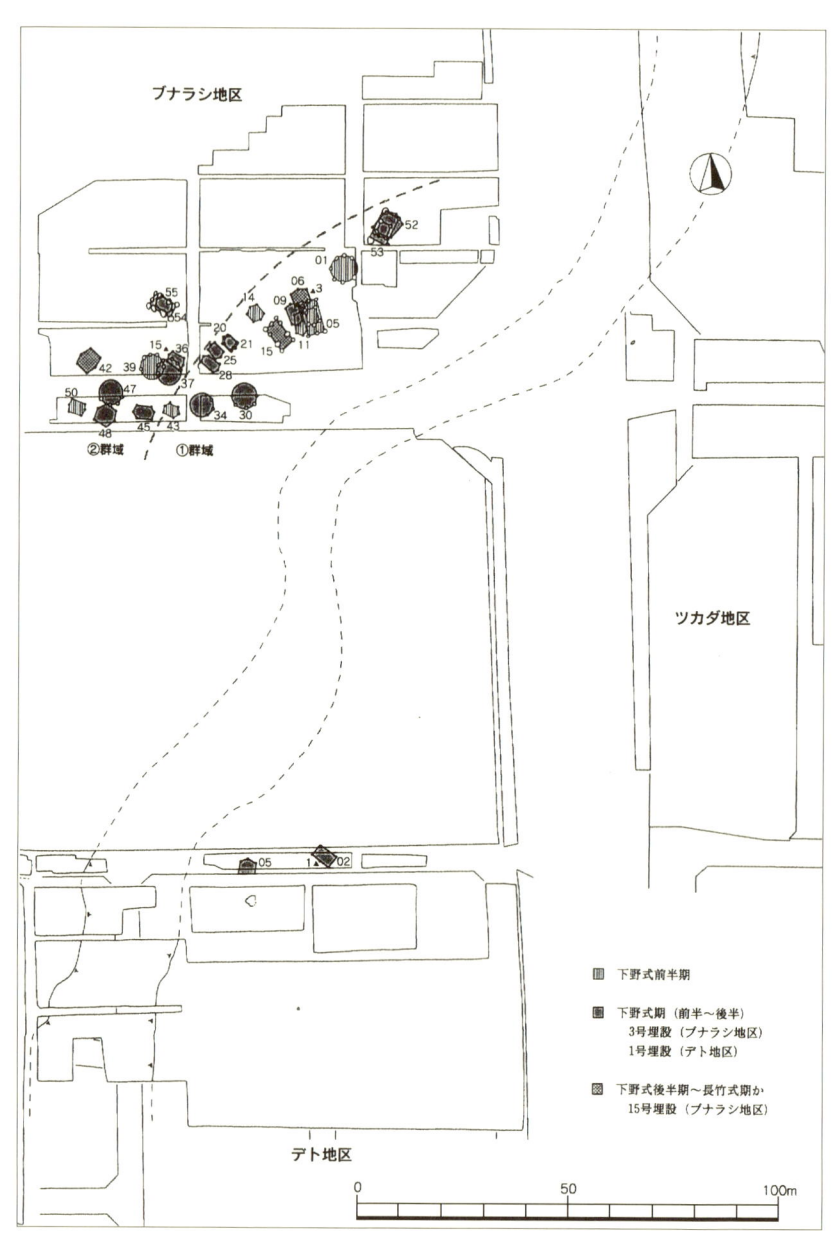

図23　御経塚遺跡下野式期の建物分布図（吉田 2009）

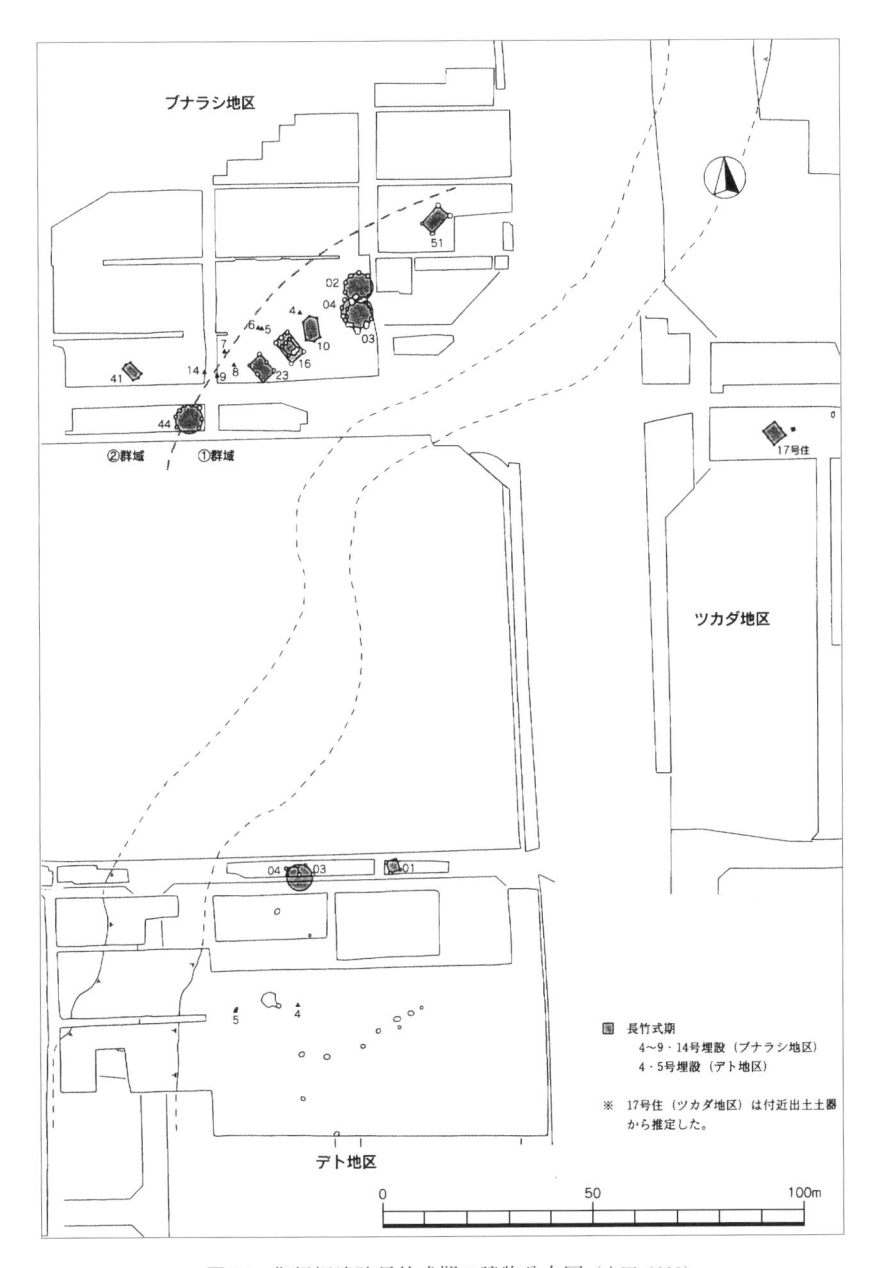

第1節　掘立柱建物と環状木柱列　93

図24　御経塚遺跡長竹式期の建物分布図（吉田 2009）

4. 米泉遺跡における建物の変遷

(1) 時期ごとの建物の変遷

　米泉遺跡からは後期の加曽利B1式から晩期の中屋式まで出土しているものの、その主体は酒見式と中屋式新の段階であることから建物の大半が両型式に属すると考えられる（西野ほか 1989）。報告書をはじめとし、吉田・布尾の両氏の考察（布尾 2003、吉田 2009）や布尾氏の考察（2012）をもとに米泉遺跡の状況を再確認しておきたい（図25）。

①酒見式期

　石囲炉のある竪穴建物7棟（第1～7号住居址）と石囲炉11基（第8・9・11～19号石囲炉址）が検出されている。第10号炉址は炉跡かどうか、うたがわしいために除外した。

②中屋式期

　地床炉とその周辺の柱穴群で構成される建物が9基検出されている。第20・24～28号住居址および第21～23号炉址の9基である。

　吉田淳氏は、米泉遺跡の「円形建物『環状木柱列』1棟（8本柱）とこれに隣接して『方形プランの柱根址』1棟が位置し、河道に沿いこの両側と対岸に地床炉を伴う『第20・24～27号住居址』、『第21～23・28号炉址』が展開する（西野ほか 1989）。このなかで、『第26・27号住居址・21号炉址』は亀甲形の掘立柱建物に復元が可能」（吉田 2009：63頁）であるとし、これが御経塚遺跡ブナラシ地区の中屋2式期に近似することを指摘している。

　布尾和史氏は、報告書のなかで西野秀和氏が「各炉址を中心として径約3.5mの範囲に柱穴が円形に巡るもの」（西野ほか 1989：43頁）をD類：簡易な円形建物跡とし、第25号・第26号の2住居址が該当するとのべている（布尾 2012）。第26号住居址については吉田氏とは別の見解を提示している。

（2）まとめ

　酒見式期では石囲炉のある竪穴建物7棟と石囲炉11基が検出されていることから、18棟の竪穴建物が存在していたと推定できる。また、御経塚遺跡では竪穴建物や石囲炉は検出されていないが、御経塚遺跡でも同様の状況であったことが想定される。酒見式期の遺構は井口Ⅱ式期以降の整地や掘削などで破壊されてしまって残存しなかっただけである、と吉田氏も筆者も推測している。

5. 出現年代に関する考察

　本節の第一の目的は、環状木柱列の出現する土器型式と較正年代を確認することであった。それが出現する時期を布尾和史氏は中屋式とし、吉田淳氏は御経塚遺跡の分析から中屋2式期としている。

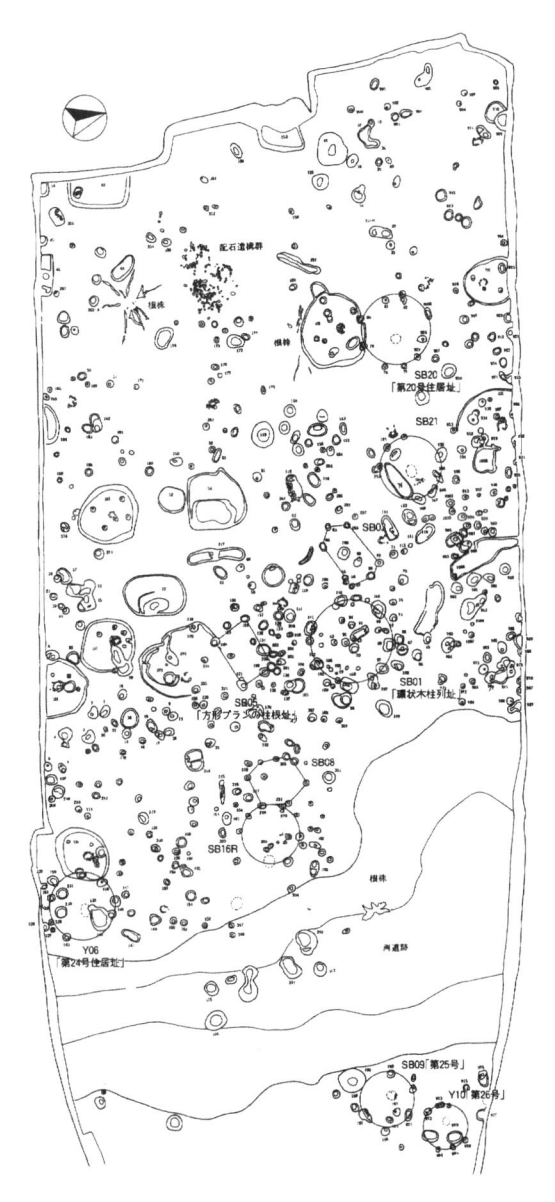

図25　米泉遺跡の建物分布図（布尾 2003）

ここで中屋式の較正年代を確認しておくと、序章第3節でのべたように筆者は中屋式を約1100～約900 cal BCとしている。これを単純にほぼ三等分して、中屋1式（大洞B-C2式）は約1100～約1040 cal BC、中屋2式（大洞C1式前半）は約1040～約970 cal BC、中屋3式（大洞C1式後半）は約970～約900 cal BCと現時点では考えている。

　一方、中屋1式は大洞B-C2式に並行すると吉田淳氏は考えており、大洞B-C式の較正年代は約1100～約1000 cal BCあることが小林謙一氏によってしめされている（小林 2008）。それを単純に二分して前後半にわけると中屋1式（大洞B-C2式）は約1050～約1000 cal BCとなる。つぎに中屋2式（大洞C1式前半）・中屋3式（大洞C1式後半）の並行関係にある大洞C1式の較正年代は約1000～約900 cal BC（小林 2008）で、それも単純に二分して前半と後半にわけると中屋2式（大洞C1式前半）は約1000～約950 cal BC、中屋3式（大洞C1式後半）は約950～約900 cal BCとなる。

　また、小林謙一氏や筆者らは中屋サワ遺跡の土器付着炭化物のAMS炭素14年代測定をおこなっており、そのなかには大洞C1式に並行する中屋式土器22点の測定もふくまれている。これらの結果や前後の型式の測定結果から約1000～約940 cal BCに相当する可能性が高いことを指摘している（小林ほか 2009）。ただし、それに後続する下野式（大洞C2式並行）の較正年代は約1125～約940 cal BCと古くでて中屋式と重複してしまっており、中屋2式・3式（大洞C1式並行）の較正年代約1000～約940 cal BCも不安視されるが、大洞C1式の較正年代約1000～約900 cal BCの範囲の中にはいっているので、一応信用はできると考えている。

　小林謙一氏の較正年代観をもとにすると、中屋1式（大洞B-C2式）は約1050～約1000 cal BC、中屋2式（大洞C1式前半）は約1000～約950 cal BC、中屋3式（大洞C1式後半）は約950～約900 cal BCとなる。筆者の年代観とは若干異なっているものの、大体のところでは一致しているといえる。

6. 機能・用途に関する考察

　第二の目的は環状木柱列の機能と用途を推察することであった。環状木柱列で残存しているのは地中の木柱のみで、地上部分はのこっていないため、木柱の高さや地上の構造は不明である。また、機能や用途を類推するための根拠となる民俗例や民族例が皆無のため、それらも不明のままである。いくつかの試案がだされているものの前提に前提をかさねた案であったり、根拠が明示されていなかったり、納得のいく試案が提示されていないのが実情である。

　こうしたなかで、渡辺仁氏は現生の狩猟採集民の集団儀礼場・公共儀式場を概観し、環状木柱列を露天型の集団儀礼用円形囲い地として考えている（渡辺1990）。環状木柱列は屋根をともなう可能性があることから、その場合は屋内型にはいるとしている。環状木柱列のような「施設を管理・運営した縄文コミュニティーの安定性と強固性が推測できる。この恒久的大型施設をめぐる集団儀礼を管理・運営した主体は、地域社会の知的エリートとしての退役狩猟者達―狩猟者階層（富者層）の長老達とみなしてよかろう。ここにはまた儀礼団体としての血縁集団の存在さえも暗示される」（渡辺 1990：133 頁）とむすんでいる。

　一方、布尾和史氏は方形建物や亀甲形建物と同様に居住用の掘立柱建物ととらえている。集落の中での重複占地を根拠に核家屋と考え、「単一の集落、あるいは集落間社会を維持する上での指導者が居住する建物と理解したい」（布尾 2003：422 頁）としている。また、吉田淳氏は儀礼やマツリに関する建物と考えている（吉田 2003b）。

　筆者は、2007年から毎年のように北米北西海岸の民族考古学的調査にでかけてきている。先住民の復権運動の一つとして開催されているカヌージャーニーにも2009年・2010年・2012年の3回参加した（水沢・松井ほか 2013）。そうした体験から社会統合の機能を環状木柱列に想定し、渡辺仁氏が指摘するような集団儀礼場の用途を想定している[(2)]。

7. 建造要因に関する考察

　第三の目的は環状木柱列が建造された要因を類推することであった。この課題に対する解釈としては、自然環境的要因としては気候変動、とくに寒冷化への対応策として導入したことを想定でき、社会環境的要因としては東北地方の影響を想定することができる。これらの妥当性を検討していきたい。

　気候変動からみていくと、今村峯雄氏は前 1200 年頃と前 900 年頃が寒冷化した時期であったことを指摘している（今村・藤尾 2009）。御経塚式は約 1300〜約 1100 cal BC、中屋式は約 1100〜約 900 cal BC、下野式は約 900〜約 800 cal BC となるので、前 1200 年頃は御経塚式の間、前 900 年頃は中屋式と下野式の境界になり、中屋 2 式（約 1030〜約 960 cal BC あるいは約 1040〜約 970 cal BC）は気候の寒冷化とは無関係で、寒冷化は否定されてくる。また、仮に環状木柱列の出現が中屋 1 式期（約 1100〜約 1030 cal BC）にさかのぼったとしても寒冷化は関係ないといえる。

　東北地方の影響に関しては、高堀勝喜氏は中屋Ⅰ式（中屋 1 式）期まで北陸独自の土器文化圏が形成されていたが、中屋Ⅱ式（中屋 2 式・3 式）期には亀ヶ岡式土器文化圏のなかに吸収、包括されたと考えている（高堀ほか 1983：348 頁）。また、中屋式期は「東北地域との関連が最も色濃く反映される時期であり、また、北陸地域の独自性が発揮された時期とも言われ、相反する評価がなされている」（西野 1989：111 頁）と西野秀和氏はのべている。

　それで、晩期に掘立柱建物が一般化している東北地方の影響が中屋 2 式の段階になって強くなり、その影響下で掘立柱建物を普及させたと筆者は考えている。一方では、晩期に掘立柱建物が普遍化している東北地方や新潟県では円形の掘立柱建物がみられないのに対し、それが石川県と富山県を中心とした地域にだけ存在するという現象もおきている。

8. 結論と今後の課題

　手取川扇状地においては環状木柱列が出現するのは中屋2式（大洞C1式前半）期であることが吉田淳氏によってあきらかにされており、前述のように中屋2式の較正年代を約1040～約970 cal BC としていることから、環状木柱列が出現する較正年代は 1000 cal BC 前後と推定している。

　構造に関しては、露天型か、屋根型かが不明であるが、渡辺仁氏が指摘するような集団儀礼用円形囲い地や集団儀礼場としての用途を想定している。機能に関しては、社会統合を想定している。それまでは集団儀礼場として集落の広場を利用していた場所に環状木柱列を建造することによって可視化し、北陸独自の区画のある儀礼空間を創出しようとしたと推測している。

　晩期の環状木柱列は石川・富山両県に特有のものであり、亀甲形や方形の掘立柱建物の本格的な導入を契機に独自に考案し、建造したものと考えている。東北地方の影響を強くうけて掘立柱建物を普及させるなかで、自分たちの独自性を発揮するために環状木柱列という社会統合装置を主体的に建造し、東北地方の強い影響力を相殺化しようとしたと推察している。

　今後の課題についてであるが、早急に解決をはからなければならない課題は、環状木柱列の地上構造、すなわち家屋、屋根をもつ建物、柱だけがたつ建造物のいずれになるのかをあきらかにすることである[3]。

第2節　環状木柱列大型化の年代と要因

1. 研究の目的と方法

　環状木柱列は6本、8本、10本の柱が直径6～8mの円形に配列されたもので、2本1組の門扉がついているものもある。柱はクリの木が半分にわられたもので、平坦な切断面が円の外側をむき、円弧が内側をむいている。縄文時代晩期に石川県と富山県を中心とした地域に確認されており、時間的にも空間的にもその分布はかぎられている。のこっている木柱は地下の部分だけで、たてられた木柱の高さや地上の構造は不明である。よび方も研究者によってさまざまで、環状木柱列とよぶ研究者もいれば、円形建物、円形木柱列、ウッド・サークルとよぶ研究者もおり、本節では一般的な環状木柱列を使用する。

　このような環状木柱列は1980（昭和55）年夏に石川県金沢市新保本町チカモリ遺跡ではじめて発見され、1982（昭和57）年から1983（昭和58）年にかけて調査がおこなわれた石川県鳳至郡能都町（現在の鳳珠郡能登町）真脇遺跡においても、同様の遺構が確認された。1987（昭和62）年には新保本町チカモリ遺跡から南東へ2kmの所に位置する金沢市米泉遺跡が調査され、この遺跡においても環状木柱列が検出された。このように環状木柱列は石川県を中心にして1980年代にあいついで発見された遺構で、100年をこえる縄文時代研究においては研究の歴史が比較的浅い考古資料である。

　本節では環状木柱列が大型化する年代と要因をあきらかにすることを目的とし、年代は較正年代と土器型式をあきらかにしていく。

2. 調査成果の確認

　環状木柱列が検出された遺跡について、高田秀樹氏はその特徴をもつ事例は石川・富山・新潟の3県において16遺跡で確認されているとしており（高田ほか 2006）、西野秀和氏は富山県と石川県に限定され、12遺跡がかぞえられるとしている（西野 2007）。木柱が検出されていてそれらが円形にめぐり、確実に環状木柱列と認定できる遺跡は新保本町チカモリ遺跡・真脇遺跡・米泉遺跡・小矢部市桜町遺跡のわずか4遺跡である。他の遺跡は円形になる大型土坑が検出されていたり、数本の木柱が出土していることから研究者が環状木柱列になると推測しているものである。それらの中には確実なものがある反面、不確実なものもふくまれているため、それをどのように判断するかで遺跡総数がかわってくる。そのため遺跡数が研究者によってちがってきている。

　ここでは環状木柱列の出土例を集成することが目的ではないので、その存在が確実な4遺跡について発掘調査報告書をもとに環状木柱列の特徴や年代を調査年度順に確認していく。事実報告の記載にあたっては、報告書の表現方法を尊重してそのまま使用するものである。そのため、同じ資料でも遺跡によって表現が異なる場合もある。

（1）石川県金沢市新保本町チカモリ遺跡

　新保本町チカモリ遺跡の旧名は八日市新保遺跡で、縄文時代後期末に位置づけられている「八日市新保式」の基準となる縄文土器が出土している遺跡である。発見された1953（昭和28）年当時、本遺跡は石川郡押野村字八日市新保地内に所在し、遺跡名も字名をとってつけられた。1956（昭和31）年に八日市新保遺跡がふくまれた押野村の一部が金沢市に編入され、町名が変更されたことにともなって1980（昭和55）年の第3次調査のときに遺跡名も変更されている。

　遺跡は標高6〜7ｍの手取川扇状地扇端部に位置し、扇端部は伏流水の自噴

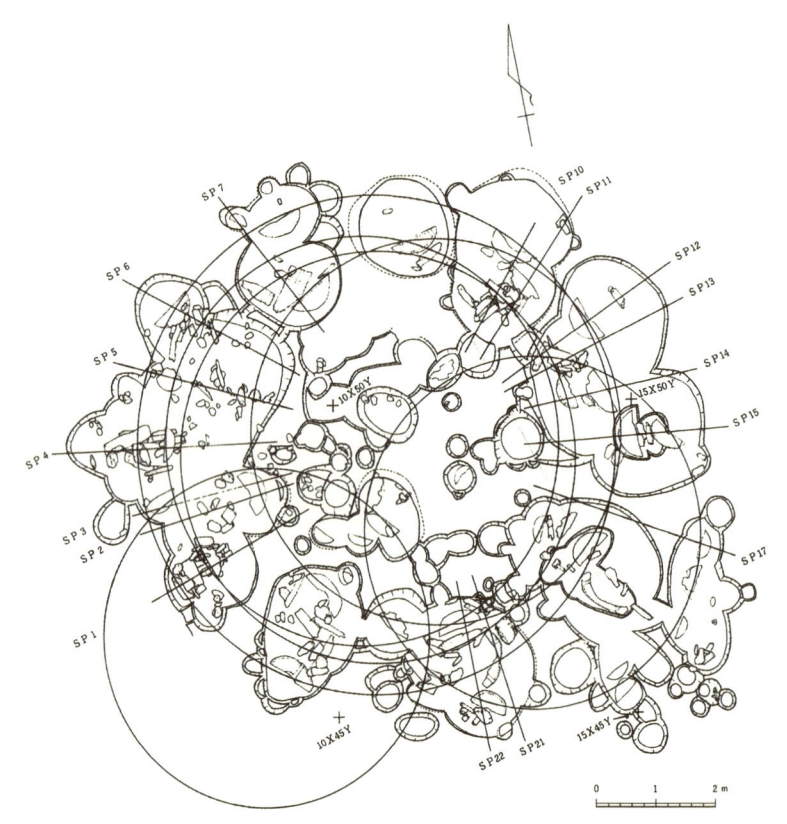

102　第3章　環状木柱列の年代と機能・用途

図26　新保本町チカモリ遺跡の環状木柱列平面図1（縮尺1：120、南ほか 1983）

地帯となっている。発掘調査は都市区画整理事業道路建設にともなう事前調査としておこなわれ、1980（昭和55）年4～10月に実施された（南ほか 1983）。

　検出された木柱根は約350本で、正円形・正方形・長方形の三つの平面プランが確認されている。遺跡の西側をながれる旧中川排水路にちかいほど木柱根の残存状態がよい。正円形プランが重複し、集中する地区が4個所ほどみとめられる。とくに大型で良好な状態が把握できるのが6X～17X・44Y～54Yの地区で、長方形プランに隣接している。この地区でA環からH環まで8基報告されているが、プランが明確なのはA～D環の4基である（図26）。E環・

F環の2基は木柱根2本でえがくことのできる環で、G環とH環の2基は存在が推定されるものである。

A環は直径約6.0mで、円形にめぐる9本の木柱根とそれに付設される2枚の板状木柱根から構成され、木柱根はいずれも左右対称となっている。本来は10本の木柱で円形がえがかれていたのが、1本欠落して9本になっている。半截木柱根の弦の長さは71〜89cmで、80±4cmのものが多い傾向にある。その厚さは27〜35cmで、30cm前後にまとまっている。

B環は直径約5.6mで、8本の木柱根で構成され、欠落はない。半截木柱根の弦の長さは58〜68cm、厚さは21〜31cmで、20cm台が大半である。

C環は直径8.0mで、4本の木柱根が残存し、そのうちの1本には礎板がしかれている。本来は10本で構成されていたと想定され、木柱根がぬきとられてのこっていない柱穴6基のうち3基から礎板が検出されている。半截木柱根の弦の長さは70〜80cm、厚さは22〜32cmである。

D環は直径6.7mで、これも元来は10本で構成されていたと想定されており、4本の木柱根と5基に礎板が残存している。半截木柱根の弦の長さは41〜54cm、厚さは15〜29cmである。

A〜D環の4基は、木柱根は左右対称になるように配置されている。A環とB環はのこり具合がよいので、他より新しいと考えられている。半截された木柱根の円弧面は、いずれも内側をむいている。半截された半円柱状木柱根の弦長や円柱形木柱根の直径は10〜80cmの範囲にはいり、60cm以上のものは点数が少なく、20〜40cmのものが圧倒的多数をしめている。また、両者の多くはクリ材である。

年代については、報告書（南ほか 1983）では明記されていない。

（2）石川県鳳珠郡能登町真脇遺跡

大きく湾入した入り江が富山湾にむけて開口し、その入り江奥には真脇川が貫流する沖積低地がひろがっている。真脇遺跡は富山湾にむけて開口する入り江奥の沖積低地に立地し、標高は6〜12mで、南側は海に面し、東・西・北

の三方は山にかこまれている。ここに団体営圃場整備事業が策定され、この事業にかかわる事前調査として1982（昭和57）年に第1次調査が、1983（昭和58）年に第2次調査が実施された。

調査の結果、巨大な環状木柱列がほぼ同じ地点で3基検出され（図27）、それぞれA環、B環、C環と呼称されている（加藤 1986）。木柱はすべて半截されたクリ材がつかわれており、半截された木柱根はいずれも円弧面を中心にむけて、平坦面を外側にむけて林立している。

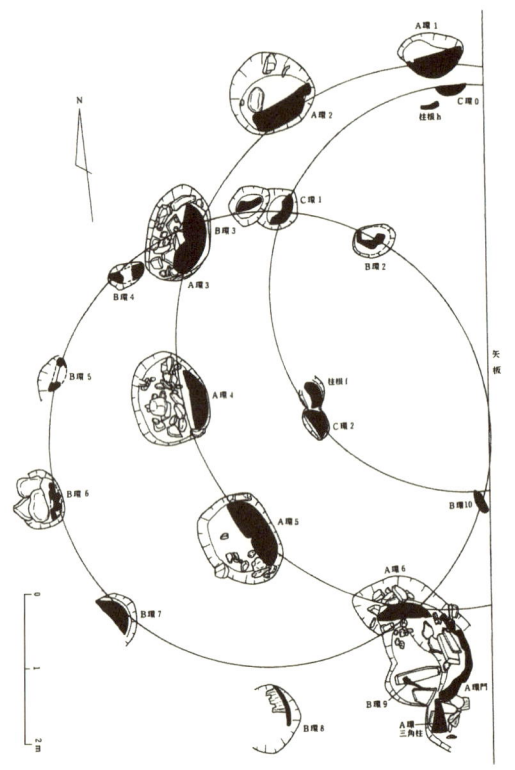

図27 真脇遺跡の環状木柱列平面図1
（縮尺1：100、加藤 1986）

A環は直径7.5mになると考えられているが、東半分は調査区外のため不明である。木柱根は6本検出され、東半分を復元して考えると総数は10本であると推測されている。また、A環6と資料番号のつけられた柱根とセットになる位置に、三日月状の木柱根が南側（海側）にむけてひらくように配置されている。柱根には半截されたクリ材が使用されており、最大のものは弦長98.6cm、厚さ37cmである。他は弦の長さが76〜93cm、厚さ22〜33cmである。

B環は直径6.2mで、円形プラン全体が検出された。木柱根の総数は10本と考えられており、東側で1本欠落すると報告されている。A環とおなじように、薄い三日月状の木柱根2本が対になってあたかも門のようにたち、南むき

に開口している。半截された木柱根の弦の長さは38〜60 cm、厚さ16〜24 cmで、いずれもクリ材が使用されている。

C環は直径5.3 mになると推定されている。木柱根はわずか3本しか検出されておらず、そのうちの2本はクリ材である。また、その弦の長さは38〜53 cm、厚さ17〜18 cmをはかる。

年代については、「これらの所属する時期は、掘り方内出土土器で最も新しくかつ豊富である晩期の第22群中屋式期を中心にする時期と考えられる」(加藤 1986：23頁) と記述されている。

また、2本の木柱について炭素14年代測定がおこなわれ、以下のような結果が報告されている (山田 1986：33頁)。

KSU-631 (B環-4 木柱、径約50 cm)：2655±25 BP

KSU-632 (A環-3 木柱、径約88 cm)：2645±25 BP

(3) 石川県金沢市米泉遺跡

米泉遺跡も手取川扇状地の扇端部に立地し、標高は11 m前後である。本遺跡の北西2 kmの所に新保本町チカモリ遺跡が位置する。調査は都市計画道路の建設にさきだつ事前調査として1987 (昭和62) 年5〜9月に実施され、環状木柱列1基と方形プランの柱根址1基が検出されている (西野 1989)。

環状木柱列は調査区中央部北側で検出され、直径5.5 mと推定されている (図28)。柱6本が円形にめぐる部分とそれに付属する門状の2本の柱から構成され、計8本のうち7本の柱穴に柱根が残存していた。掘り方の中での柱根の位置は、内側によせられている状況がみとめられている。また、7本の柱根のうち5本について樹種同定がおこなわれ、すべてクリであることが判明している (能城・鈴木 1989)。遺存状態のよい柱から判断して柱の円弧面は環状木柱列の内側をむき、平坦面は外側をむいている。3本の柱根の大きさは、弦の長さ45〜49 cm、厚さ13〜14.5 cmである。環状木柱列の内部中央に特異なピットが2基検出されている。そのうちの1基の覆土は焼土をふくみ、焼土の中からサケの骨が検出されている。

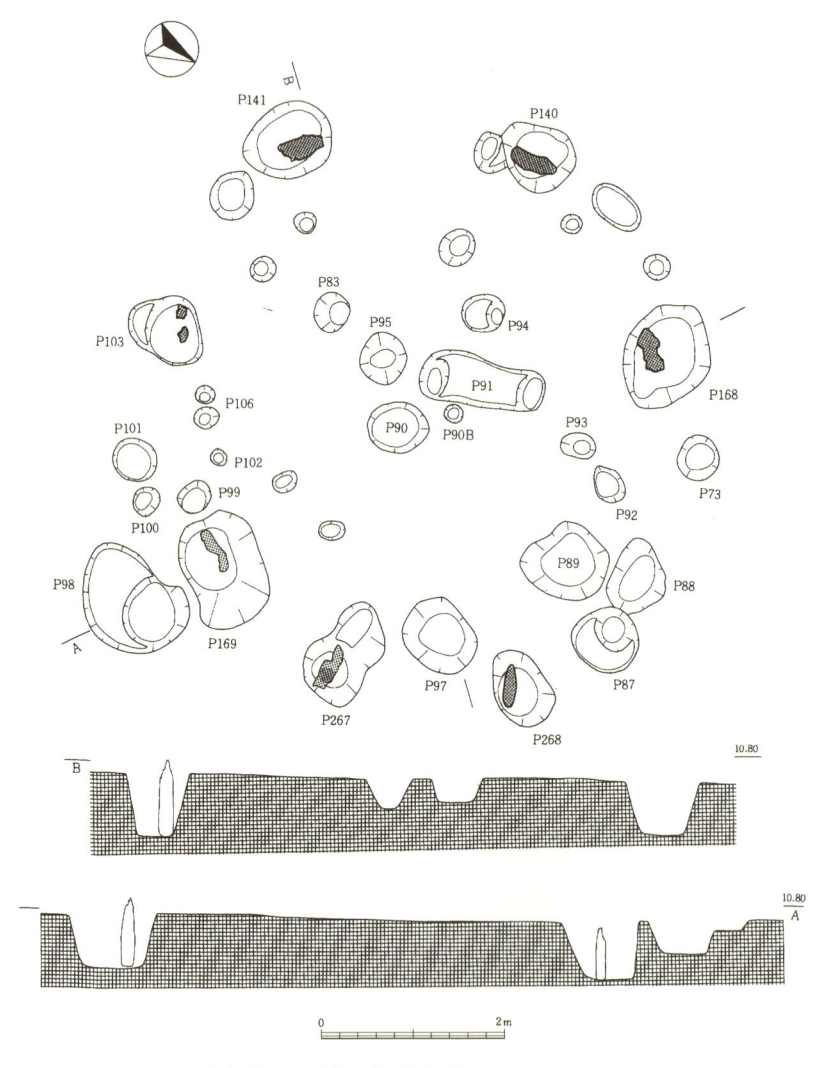

106 第3章 環状木柱列の年代と機能・用途

図28 米泉遺跡の環状木柱列平面図（縮尺1：80、西野 1989）

年代については、「本遺構の所産時期は、晩期中屋式新の段階」(西野 1989：55頁）と報告されている。

(4) 富山県小矢部市桜町遺跡

桜町遺跡は小矢部川と子撫川の合流点の西にひろがり、丘陵裾の河岸段丘上に立地している。国道8号線小矢部バイパスの建設にともなう事前調査として実施され、2000（平成12）年度と2002（平成14）年度に舟岡地区第3調査区でA環とB環の2基の環状木柱列が検出されている（大野ほか 2005）。

A環は直径6.2mである（図29）。10基の柱穴から構成され、そのうちの8基で柱穴から板状あるいは半截された木柱が検出されており、樹種はすべてクリである。半截された木柱は弧となる側を内側に、弦となる側を外側にむけ、弦の長さは42～60cmである。また、円形の南東部に位置するSK119とSK121の木柱は板状に加工されており、2本1組で門扉状に配置されている。SK119とSK121は円周の外にとりつけられる形態でなく、円周上にならんでいる。

年代については、「柱穴内から出土した最も新しい土器片から晩期中葉の中屋式期と考えられる。なお、SK186出土の柱根を試料とした放射性炭素年代測定では、2780±40BPの補正C14年代が得られている」（大野ほか 2005：17頁）と報告されている。

B環も直径6.2mである。8基の柱穴からなり、そのうちの5基から木柱が検出されており、SK186の木柱はA環と共用されている。B環のみ属する4本の木柱は、弦の長さが35～46cmで、樹種はいずれもクリである。SK126とSK117が門扉状に配置され、A環と同様に円周上にならんでおり、門扉状の木柱2本1組が円周上にならんでいるのが桜町遺跡の環状木柱列の特徴となっている。

年代については、「柱穴出土遺物から晩期中葉の中屋式期におさまるものとみられる。切り合い等からA環よりも新しい建物とみられるが、SK126とSK158から出土した柱根を試料とした放射性炭素年代測定では、それぞれ2830±

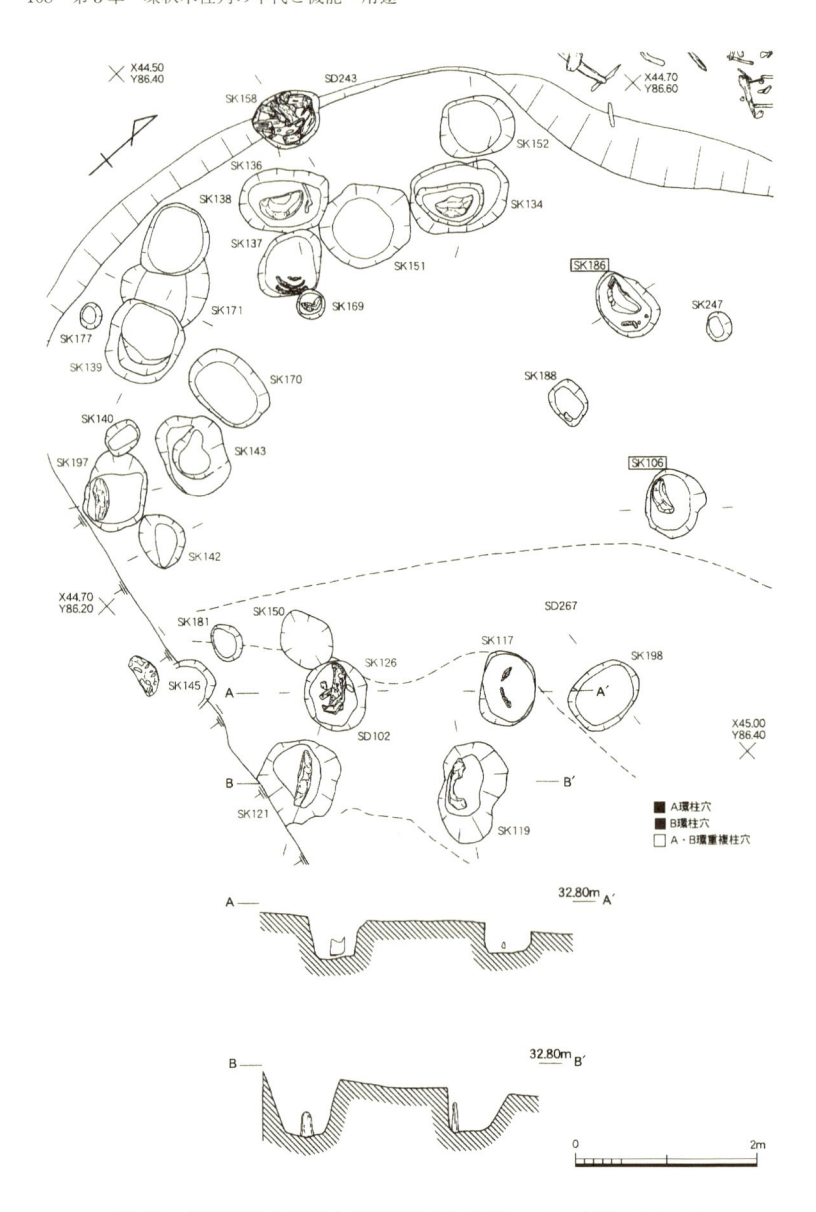

108 第3章 環状木柱列の年代と機能・用途

図29 桜町遺跡の環状木柱列平面図（縮尺1:80、大野ほか 2005）

40 BP と 2810±40 BP の年代値が得られており、その中央値では、A 環の柱根から得られた年代と新旧が逆転している」(大野ほか 2005：18 頁) と報告されている。

(5) 石川県鳳珠郡能登町真脇遺跡

前述のように 1983 年の第 2 次調査では環状木柱列が 3 基確認され、そのうちもっとも大きな A 環は西側半分が検出されたにとどまり、東側半分は調査区外であったため未発掘のままであった。そこで 2002（平成 14）年度から 2004（平成 16）年度にかけて環状木柱列の全貌を解明する目的で、第 2 次調査区の東側に調査区を設定し、第 7～9 次調査が実施された（高田ほか 2006）。

調査および検討の結果、A 環（図 30）、B 環、C 環のほかに D 環・E 環・F 環の 3 環が検出され、合計 6 環確認されている。これらの新旧関係については、「第 1・2 次調査の報告書において A 環との切り合い関係で B 環が古く、A 環が新しいとの見解が出されて」（高田ほか 2006：192～193 頁）いる。そして木柱根掘り方の切り合い関係からえられた知見と炭素 14 年代値がほぼ合致していることから、第 9 次調査で検出された 5 基のなかで「A 環が最も古く位置づけることはできるが、C・D・E・F 環の順序には今しばらく検討を要する」(193 頁) とむすんでいる。

年代については、環状木柱列が「作られた時期とされる縄文時代晩期の中屋式期」（高田ほか 2006：193 頁）と記述されている。また、中村俊夫氏が木柱を試料として加速器質量分析（Accelerator Mass Spectrometry：AMS）による炭素 14 年代測定をおこない、その結果を報告している[4]。それを環ごとに列挙すると以下のようになる（高田ほか 2006：184・185・193 頁）。

A 環 – 木柱 1：2663±34 BP（NUTA 2-6084）

A 環 – 木柱 2：2518±34 BP（NUTA 2-6085）

A 環 – 木柱 3：2665±34 BP（NUTA 2-6086）

A 環 – 木柱 15：2573±29 BP（NUTA 2-6003）

D 環・E 環共用？ – 木柱 5：2469±33 BP（NUTA 2-6089）

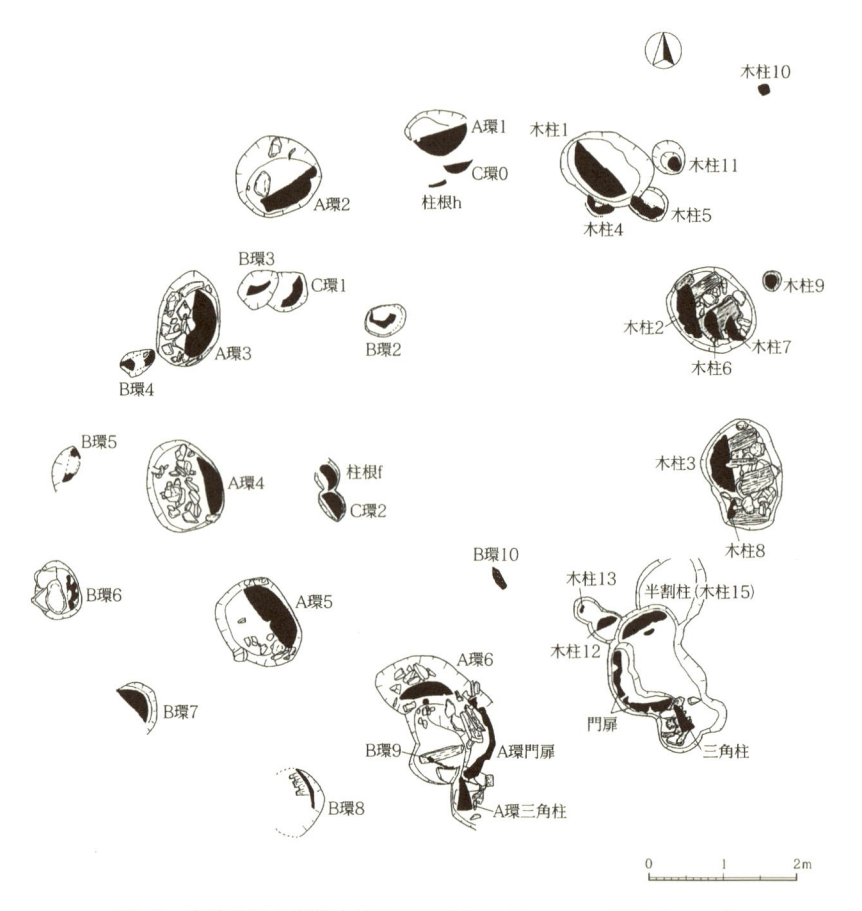

110　第3章　環状木柱列の年代と機能・用途

図30　真脇遺跡の環状木柱列平面図2（縮尺1:100、高田ほか 2006）

D環・E環共用？－木柱7：2504±34 BP（NUTA 2-6091）
D環・E環・F環共用？－木柱8：2441±33 BP（NUTA 2-6092）
E環－木柱12：2474±29 BP（NUTA 2-6990）
F環－木柱4：2459±34 BP（NUTA 2-6088）
F環－木柱6：2410±34 BP（NUTA 2-6090）

3. 大型化の年代に関する考察

（1）相対年代

　縄文時代晩期の土器型式編年において、環状木柱列がどの土器型式に属するのかを検討していく。

　米泉遺跡を調査した西野秀和氏は、環状木柱列の「所産時期は、晩期中屋式新の段階と考えられる」（西野 1989：55頁）とし、その後も「所産時期が判明しているのは真脇遺跡と本遺跡だけで、いずれも晩期中葉の中屋式期に位置付けられる」（西野 1994：34頁）としている。さらには、「開始された時期を含めた細かな段階が捕捉できず、晩期前半の中屋式期での所産が確実視されているに止まる」（西野 2007：171頁）と一貫して中屋式期に属するという立場をとっている。

　真脇遺跡第1・2次調査を担当した加藤三千雄氏は、環状木柱列の「所属する時期は、掘り方内出土土器で最も新しくかつ豊富である晩期の第22群中屋式期を中心にする時期と考えられる」（加藤 1986：23頁）という見解を報告書でしめしていた。その後、真脇遺跡の「A・B環の新旧は、遺構の切りあうA環門とB環9でなされたが、その確認でははなはだ曖昧なものであった。次に掘り方内出土土器での検討でも、ほぼこれらが晩期中葉の中屋式期と判断しうる資料を提供したが、近接した時間的関係もまた不明といわざるをえない。（中略）他の柱穴内で検出された土器の多くも縄文晩期中屋式期のものが多いが、なかには後葉の下野式期にさがる可能性があるものもあったので留意しておきたい」と考えを少しかえている（加藤 1994：20頁）。

　真脇遺跡の第7〜9次調査を担当した高田秀樹氏は、環状木柱列の建造年代は縄文時代晩期中屋式期という見解をしめしている（高田ほか 2006：193頁）。

　新保本町チカモリ遺跡や米泉遺跡に隣接する野々市市御経塚遺跡は標高が11m前後とやや高いことや地下水位の関係からか、環状木柱列と木柱は検出

されていない。吉田淳氏は環状木柱列の配列を参考に土坑やピットなどの遺構の配列について検討をおこない、環状にめぐる大型土坑群を2基（円形建物SB 02、ツカダ地区19号建物）確認し、それらが環境木柱列になると推測している（吉田 2003b）。円形建物「SB 02は径6.8 mの規模で柱穴は10個になり、（中略）時期は晩期後葉の下野式後半である」（吉田 2003b：53頁）と指摘している。また、ツカダ地区19号建物は「径5.8 m、柱穴は8個（中略）時期は晩期後半の中屋Ⅱ～下野式期である」（53頁）としている。さらに「円形建物の柱穴から出土した土器には、晩期の中屋Ⅱ～下野式が多くみられる」（吉田 2003b：53頁）とし、環状木柱列が中屋Ⅱ式から下野式、長竹式に属するという考えを提示している。また、吉田淳氏のご教示によれば、出土した土器のほとんどが下野式～長竹式であるという。

　以上のことを整理すると、環状木柱列が建造された時期については二つの考えがあり、一つは西野秀和氏や高田秀樹氏のように中屋式期と考える立場で、もう一つは吉田淳氏のように中屋Ⅱ式（中屋2式・3式）～長竹式と考える立場である。

　その後、新保本町チカモリ遺跡の柱穴と真脇遺跡の掘り方から出土した土器の再検討がおこなわれている。

　吉田淳氏は真脇遺跡A環出土土器の再検討をおこない、主体は中屋2式であるものの、下野式後半～長竹式前半の土器が3点ふくまれていることからA環を長竹式前半と考えている（吉田 2012）。また、吉田氏はチカモリ遺跡A環～D環（SB 01～04）の柱穴出土土器を再検討し、八日市新保2式と中屋2式、下野式前半が主体となっているが、A環（SB 01）とC環（SB 03）から長竹式前半の土器が出土していることを根拠に、A環とC環を長竹式前半としている。

　向井裕知氏は新保本町チカモリ遺跡の柱穴出土土器の再報告をおこない（図31）、A環（SB 01）とC環（SB 03）から出土した土器が長竹式前半のものであることと年輪年代法でえられた結果から、両環とも晩期末の遺構になると推測している（向井 2012）。

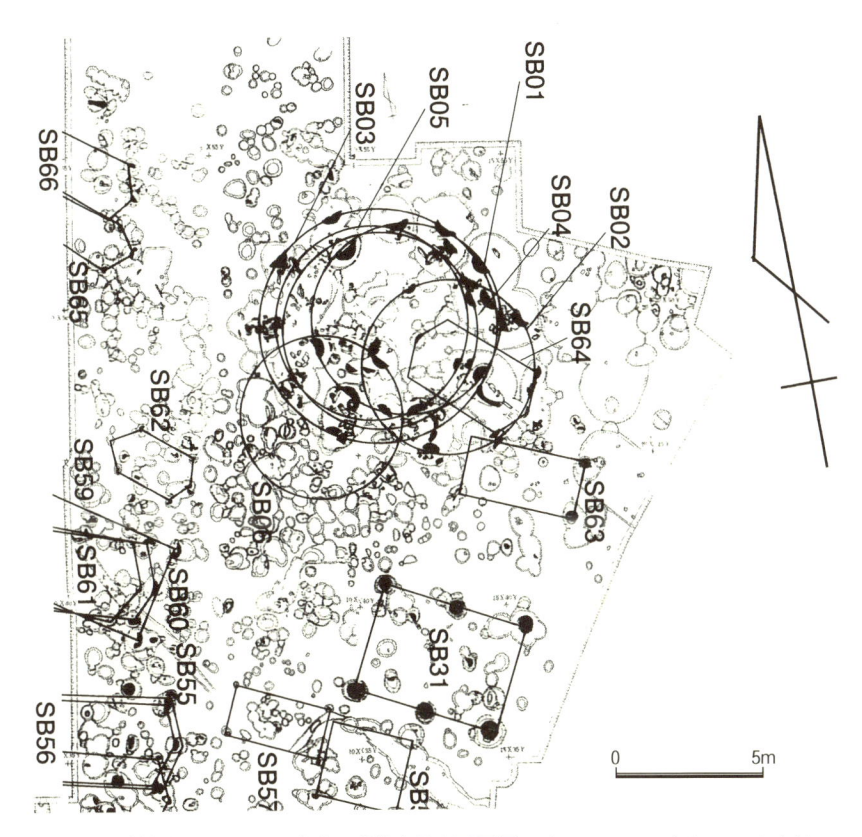

図31　新保本町チカモリ遺跡の環状木柱列平面図2（縮尺1：250、向井2012を改変）

　高田秀樹氏は真脇遺跡の2002年〜2004年の調査でA環の掘り方から出土した土器の再報告をおこなっている（高田 2012）。吉田淳氏や久田正弘氏の指摘をうけ、出土土器は全体的には中屋式の土器が多いものの、下野式や長竹式に属する土器が3点出土していることを報告している。そして出土土器からA環を下野式後半〜長竹式前半に位置づけるとともに、「出土土器の検討、^{14}C年代測定結果及び年輪年代学的分析結果からA環の構築年代は長竹式前半とすることに矛盾を生じない内容となった」（高田 2012：19頁）とのべている。A環を下野式後半〜長竹式前半と考えるのか、長竹式前半と考えているのか判然としないが、いずれにしても従来の考えを訂正している。

（2）絶対年代

　真脇遺跡と桜町遺跡では木柱を試料にして炭素14年代測定がおこなわれており、炭素14年代と較正年代を検討していく。

　まず、真脇遺跡についてみていくと、中村俊夫氏が測定した10点ではもっとも古いものがA環木柱3の2665±34 BP（NUTA 2-6086）で、もっとも新しいものはF環木柱6の2410±34 BP（NUTA 2-6090）である。1986（昭和61）年に山田治氏が報告した2点の測定値、A環3木柱の2645±25 BP（KSU-632）とB環4木柱の2655±25 BP（KSU-631）もこの範囲の中にはいってくる。

　中村俊夫氏が測定した炭素14年代はINTCAL 98および較正プログラムCALIB Rov.4.3をもちいて西暦に較正されており、A環木柱3（2665±34 BP）の較正年代は1標準偏差で833〜800 cal BC（100％）、F環木柱6（2410±34 BP）の較正年代は1標準偏差で737〜531 cal BC（28.3％）・521〜402 cal BC（71.7％）と報告されており、較正年代は約830〜400 cal BCとなる。

　中村氏が提示した較正年代はクリの木の伐採年代にちかい年代をあらわしており、それがそのまま建造年代になるわけではない。伐採から建造までの年数を加算しなくてはならないが、その経過年数は不明である。本節では伐採後それほど時間をおかずに建造されたという前提にたち、論をすすめている。

　その後、中村俊夫氏の指導をうけて西本寛氏が詳細な炭素14年代測定を実施している（西本ほか 2008）。西本寛氏らは第9次調査（2004年）で検出された5基のなかでもっとも古いA環の木柱1と木柱2、もっとも新しいF環の木柱4と木柱6、合計4本の木柱を対象にして炭素14年代測定とウイグルマッチングをおこない、その結果から「環状木柱列の形成時期は約820-490 [cal BC]の約330年間に収まると考えられる」（西本ほか 2008：87頁）としている。

　両氏はA環、D-E環、F環、礎盤③のウイグルマッチング解析を継続しておこない、その結果から環状木柱列の形成時期を推定している（西本・中村

2010)。ウイグルマッチングの解析結果から、A 環は約 820〜770 cal BC、D 環は約 770〜740 cal BC、E 環は約 690〜540 cal BC、F 環は約 740〜680 cal BC と推定している。そして真脇遺跡でもっとも古い B 環の較正年代が約 890〜876 cal BC、850〜790 cal BC となることを根拠に最古で 890 cal BC までさかのぼり、もっとも新しい年代が E 環の 540 cal BC ことから、真脇遺跡の環状木柱列の年代は約 890〜540 cal BC の 350 年間におさまると推定している[6]。

つぎに、桜町遺跡では 3 点の木柱の炭素 14 年代測定がおこなわれており、その測定値と 2 標準偏差の較正年代は以下のように報告されている（大野ほか 2005：35 頁）。

A 環 − SK 186：2780 ± 40 BP（Bete-157579）；1010〜830 cal BC
B 環 − SK 126：2830 ± 40 BP（Bete-189400）；1100〜900 cal BC
B 環 − SK 158：2810 ± 40 BP（Bete-189403）；1040〜850 cal BC

これらの結果から、炭素 14 年代は 2830〜2780 ± 40 BP、較正年代は 1100〜830 cal BC になることがわかる[7]。

木柱の中心を試料とした場合と外側では年代差が生じることになるが、桜町遺跡の報告では試料にした木柱の部分が明記されておらず、この点が問題となる。こうした場合は木柱の一番外側から試料を採取するのが一般的であることから、そのように採取していると推測して論をすすめている。

（3）小結

前節でのべたように、環状木柱列が出現するのは中屋 2 式期で、その較正年代は約 1040〜約 970 cal BC であることから、環状木柱列が出現する較正年代は 1000 cal BC 前後と推定することができる。

出現する時期の環状木柱列の直径を、木柱が現存し、それが中屋 2 式〜中屋 3 式（約 1040〜約 900 cal BC）に属する桜町遺跡と米泉遺跡についてみていくことにする。桜町遺跡では A 環、B 環ともに直径は 6.2 m で、米泉遺跡のものは直径 5.5 m で、出現期の環状木柱列は直径が 6 m 前後である。

ついで、大型化する年代についてみていくことにする。

真脇遺跡の環状木柱列で一番大型のものは直径7.5 m の A 環で、木柱 1・2・3・15 の 4 本の AMS 炭素 14 年代測定がおこなわれ、約 820〜770 cal BC という高精度なウイグルマッチングの結果がえられている。A 環の木柱の伐採年代は新しい方の年代の 770 cal BC か、測定値が最外年輪でなければそれよりも新しい年代となることから、770 cal BC あるいはそれよりも新しい年代に大型の A 環が建造されたことになる。

新保チカモリ遺跡で環状木柱列の木柱に関する年輪年代学的分析をおこなった木村勝彦氏は、真脇遺跡の A 環のウイグルマッチングによる年代をもとに、新保本町チカモリ遺跡の A 環（SB 01）の年代を 820〜800 BC 頃、C 環（SB 03）の年代を 840〜820 BC 頃と推定している（木村・荒川 2012）。A 環は直径約 6.0 m と小型の部類に属し、検討対象は直径 8.0 m の C 環のみになる。C 環の木柱の伐採年代も、真脇遺跡の場合と同様に、820 BC 頃あるいはそれより新しい年代に大型の C 環が建造されたと考えることができる。

すなわち、約 820〜約 770 cal BC あるいはそれより新しい年代に環状木柱列が大型化したと考えることができ、この較正年代は下野式終末〜長竹式初頭に相当する[8]。

4. 大型化の要因に関する考察

最初に、環状木柱列が大型化した縄文時代晩期の下野式終末〜長竹式初頭、較正年代では約 820〜約 770 cal BC が日本列島ではどのような時期であったのかをみていく。

炭素 14 暦年較正曲線（IntCal04）から炭素 14 生成率を計算して気候変動を推察した今村峯雄氏は、紀元前 1500 年から紀元前後までで日本列島が寒冷化する時期が 6 回あり、それらは紀元前 1400〜1350 年、紀元前 1250 年、紀元前 900 年、紀元前 850〜700 年、紀元前 670 年頃、紀元前 400 年頃で、紀元前 850〜700 年では 820 年頃から寒冷化が本格化するという（今村・藤尾 2009）。

これにあてはめると、下野式終末〜長竹式初頭（約 820〜約 770 cal BC）は

紀元前850～700年の寒冷化していた時期に該当してくる。一方、水田稲作農耕は当地には約650～約500 cal BCの長竹式後半期（畿内第Ⅰ様式古段階）に伝播すると考えられるので、水田稲作農耕の影響は考えにくく、環状木柱列の大型化の要因として気候の寒冷化を考えることができる。

5. 結論

現在のところ、環状木柱列が出現するのは中屋2式期で、その較正年代は約1040～約970 cal BCであることから、建造されはじめる較正年代は1000 cal BC前後と推定することができる。出現した時期の環状木柱列は直径が6m前後と小型であるが、下野式終末～長竹式初頭の約820～約770 cal BCになると直径が7.5～8mと大型化する。真脇遺跡のウイグルマッチングの解析結果によって環状木柱列E環は540 cal BCか、それ以降に建造されたと推測できることから、長竹式期の終末まで建造されていたと推察できる。

環状木柱列の大型化がはじまる時期は、地球規模の気候変動によって日本列島も寒冷化していた時期であり、それを契機として環状木柱列を大型化させ、共同作業で建造することと儀礼をおこなうことによって地域社会の絆や生活共同体の紐帯を強化したものと推測している。

註
（1）吉田淳氏は「竪穴住居」と「掘立柱建物」と表現しているが、竪穴建物の用途に関する検証がおこなわれているわけでなく、すべて住居になるとはかぎらない。大多数は住居になると推測されるが、本節では「掘立柱建物」にあわせて「竪穴建物」と表記している。
（2）布尾氏の言葉と成果を借用すると（布尾 2012）、北陸の晩期集落では集落単位で1か所、「核」となる集団儀礼場としての環状木柱列がおかれていた状況が把握でき、集落における指導者的な人物が集団の祭祀や儀礼をつかさどり、階層化社会ではなかったため指導者的な人物も亀甲形掘立柱建物に居住していた、と説明することも可能である。
（3）建物に関する今後の課題を3点、研究上の留意点を1点指摘しておきたい。
　　第一に、建物の状況が不明な八日市新保式期から中屋1式期の実態を解明すること

である。竪穴建物が主体となるのか、あるいは掘立柱建物が主体となるのか、それとも両者が半々に並存するのか、その実態をあきらかにすることは急務である。
　第二に、入れ子状になる方形建物の地上構造をあきらかにすることである。
　第三に、竪穴建物と掘立柱建物が並存し、両者とも住居としてつかわれた場合、嗜好による自由な選択か、親族集団による規制か、住居形態を決定する要因をあきらかにすることである。
　最後に、研究上の留意すべき点を指摘しておきたい。住居数の推移から縄文文化の盛衰や遺跡の消長に言及する場合、とくに北陸を対象とした場合には、中屋式期以降に普及する掘立柱建物の存在の有無を調査現場や遺構平面図で確認してからでないと実態をみあやまってしまうことになる。

（4）方形木柱列の4本の木柱（9、10、11、14）の炭素14年代と較正年代は以下のとおりである。

　　　木柱9：2891±34 BP（NUTA 2-6093）
　　　木柱10：2936±34 BP（NUTA 2-6094）
　　　木柱11：2874±34 BP（NUTA 2-6096）
　　　木柱14：2934±29 BP（NUTA 2-6992）

　方形木柱列は環状木柱列とは建造された年代が大きく異なることが判明したので、本節では除外し、環状木柱列のみに焦点をあてている。

（5）吉田2003b文献では吉田淳氏は下野式を前半と後半にわけて記述しており、下野式前半が狭義の下野式、下野式後半が長竹式に該当する。

（6）両氏の考えには少なからず問題があり、指摘しておきたい。まず、較正年代ではクリの伐採年代をしぼりこむことができないからウイグルマッチング解析を実施しているわけで、両者を混同して使用したらウイグルマッチング解析を実施する意味がなくなる点である。つぎに、ウイグルマッチングで解析した複数の木柱の年代幅をあつめたものを環状木柱列の形成時期とすることはできない点である。木柱の年代幅はクリの生育年代の一部をあらわし、もっとも新しい年代が伐採年代にちかいことをあらわしており、環状木柱列の形成期間をあらわしているわけではない。

（7）工藤雄一郎氏の協力をえてIntCal04とOxCal v4.0.5をもちいて3点の炭素14年代を較正した。
　2標準偏差（95.4％）で較正すると以下のようになり、その年代は約1120〜830 cal BCで、報告されたものとほとんどかわらない。
　　　A 環-SK 186：1019（95.4％）829 cal BC
　　　B 環-SK 126：1124（95.4％）897 cal BC
　　　B 環-SK 158：1110（0.5％）1104 cal BC、1082（1.5％）1065 cal BC、1056（93.5％）843 cal BC
　1標準偏差（68.2％）では、較正年代は約1040〜860 cal BCにせばまる。

A環 − SK 186：997（64.8％）896 cal BC・867（3.4％）860 cal BC
 　　B環 − SK 126：1039（2.2％）1034 cal BC、1029（66.0％）923 cal BC
 　　B環 − SK 158：1009（68.2％）912 cal BC
（8）下野式（大洞C2式並行）と長竹式（大洞A式並行）の境界年代が明確になっていっているわけでなく、暫定的に約 800 cal BC としているが、小林謙一氏が東北地方の大洞C2式と大洞A式の境界年代を 780 cal BC（小林 2008）としていることを考えあわせるとおおむね妥当な年代と考えることができる。

第4章
赤彩土器の発達と外来系土器の移入形態

第1節　縄文土器の赤彩と土器表面の色調

1. 研究の目的と方法

（1）本節の目的

　赤と黒は縄文時代の人びとが人工的につくりだすことができた数少ない色であり、縄文時代の遺跡から出土する漆製品や土器に多く使用されている。本節では、御経塚遺跡から出土した縄文土器のうち赤色顔料で彩色された土器や黒色や黒褐色に処理された土器を対象にして、赤と黒がもつ意味について考察することと、後晩期の土器工芸の技術水準を把握するための一助とすることを目的としている。
　御経塚遺跡から出土した赤彩土器や黒色化処理された縄文土器については、水野梨恵子氏の協力をうけて調査をすすめ、『野々市町史』資料編1においてすでに報告ずみである（山本 2003b）。重複することになるが、既報告に若干の訂正と加筆をくわえて再度報告しておきたい。

（2）御経塚遺跡の概要

　御経塚遺跡は石川県野々市市（旧石川郡野々市町）に所在し、金沢市近郊に位置している。そのため1970年代の高度経済成長期以降、遺跡周辺は市街化がすすみ、とくに1990年代以降の変貌はいちじるしく、旧来ののどかな田園風景は姿をけしてしまっている。遺跡は手取川扇状地扇端部の標高10m前後の微高地上に立地し、この標高10m前後の地帯は伏流水の自噴地帯となっており、地下水の自然湧水にめぐまれた地域となっている。

第1次調査は『押野村史』編纂のため1956（昭和31）年におこなわれ（高堀1964）、これまでに国道建設をはじめとして緑地保全区域整備や都市区画整理などの事業に関連して、1996（平成8）年まで第28次にわたり、石川県教育委員会や野々市町教育委員会によって調査が実施されている（高堀ほか 1983、吉田ほか 1989・2003、吉田 2009・2011）。調査の結果、本遺跡は縄文時代後晩期の拠点集落であることが判明し、北陸地方を代表する縄文時代の遺跡の一つとなっている。

（3）資料整理の条件と方法

　対象としたのは第5～7次調査で出土した縄文土器で、その接合関係を確認したうえで、完形品も破片も1点としてかぞえている。総数では1032点にのぼるが、同一個体であっても接合しない破片については、別々にかぞえている危険性があるので、実際の個体数はこれより少ないと考えている。

　土器の残存部を明確にしたうえで、赤く彩色されている部位（内面口縁部、内面胴部、外面口縁部、外面胴部、口唇部）も明確にし、赤彩されている土器表面の色調も観察した。色調の確認と表記にあたっては、農林水産省農林水産技術会議事務局・（財）日本色彩研究所色票監修『新版　標準土色帖』を参考にした。長い年月、土中にあった場合、土中でなんらかの影響をうけて表面が変色することも考えられるが、観察にあたっては堆積環境による変化を一切考慮しておらず、出土した縄文土器の最終的な色調を表記している。

　器種の同定にあたっては、小さな破片のため器種を特定しにくいものもあり、判断がつかない場合は不明とした。また、皿や椀では判断がつきにくいものが少なからずあったので、皿と考えられるものは浅鉢に、椀と考えられるものは鉢にふくめて集計してある。もともと皿や椀は量的に多くないので、分析をすすめていくうえで大きな支障はないと考えている。

　あつかった土器片は小さな細片になってしまって、土器型式を決定する際、判断が困難なものが多数存在した。そこで慎重を期すために、一度決定したものを野々市市教育委員会の吉田淳氏に再確認していただいている。

124　第4章　赤彩土器の発達と外来系土器の移入形態

表9　御経塚遺跡における赤彩と土器表面色調の関係表

色調＼土器型式	灰白色	浅黄橙色	にぶい黄橙色	にぶい橙色	橙色	にぶい黄褐色	にぶい赤褐色	褐色	にぶい褐色	灰黄褐色	褐灰色	灰褐色	暗褐色	黒褐色	黒褐色化	黒色化	合計
酒見式	7	2	18	3	0	0	0	0	0	8	8	0	0	2	1	10	59
井口Ⅱ式（古）	8	0	38	9	3	2	5	3	3	35	4	5	1	6	9	2	133
井口Ⅱ式（新）	0	0	10	2	0	0	2	0	0	13	1	1	2	1	2	1	35
八日市新保1式	1	2	18	6	0	0	1	1	2	5	2	0	0	2	11	1	52
八日市新保2式	3	4	17	4	1	0	0	1	0	4	5	4	0	2	5	1	53
御経塚式	31	9	75	12	2	0	2	2	2	36	25	1	0	7	49	24	287
中屋1式	10	1	53	9	2	0	2	8	5	29	52	10	0	4	54	24	263
中屋2式・3式	1	0	37	11	0	0	0	0	4	18	26	0	0	3	16	9	125
下野式・長竹式	3	4	2	0	0	0	0	0	0	6	3	0	0	2	5	0	25
合計	64	22	268	56	8	2	12	16	26	155	125	20	5	29	152	72	1032

　御経塚遺跡から出土した赤彩土器は、後期の酒見式から晩期の下野式・長竹式にまでいたっている。以下に、土器型式ごとに赤彩土器と土器表面の色調をしめしていく（表9）。

2．土器型式ごとの赤彩と土器表面の色調

（1）酒見式

①赤彩土器

　浅鉢6点、鉢29点、注口6点、不明18点、合計59点である。とくに鉢の外面に赤彩が顕著で、胴部にくらべて口縁部への赤彩が多い。浅鉢は外面のみに赤彩されており、口縁部から胴部にかけて残存している個体では口縁部のみ

に彩色しており、外面を赤彩している。少数ではあるが、鉢と注口では内面にも赤彩がみられる。

②土器表面の色調

合計59点中、にぶい黄橙色が18点ともっとも多く、8点の灰黄褐色と褐灰色がそれについでいる。また、黒色化も顕著である。表9では集中する個所が3個所あり、一つは灰白色やにぶい黄橙色などの白色系・黄色系、もう一つは灰黄褐色や褐灰色などの灰色系・褐色系、最後の一つは黒褐色化や黒色化などの黒色系である。

（2）井口Ⅱ式（古）

①赤彩土器

深鉢2点、浅鉢62点、鉢37点、注口2点、不明30点、合計133点である。浅鉢は口縁部から胴部にかけて残存している土器片が多いにもかかわらず、外面口縁部への赤彩が顕著である。また、少数ではあるが、内面にも赤彩がみられる。鉢の多くは外面口縁部に赤彩がみとめられた。深鉢も出土点数は少ないが、やはり外面口縁部を赤彩している。さらに、浅鉢と鉢では口唇部への赤彩がみられた。

②土器表面の色調

合計133点中、にぶい黄橙色38点と灰黄褐色35点が圧倒的多数をしめる。全体としては、灰白色やにぶい黄橙色などの白色系・黄色系、灰黄褐色や灰褐色などの灰色系・褐色系の色調は多いが、暗褐色から黒色化などの黒色系の色調は少ない。

（3）井口Ⅱ式（新）

①赤彩土器

浅鉢18点、鉢9点、注口2点、不明6点、合計35点である。浅鉢と鉢は口縁部から胴部にかけて残存している土器片が多いにもかかわらず、外面口縁部への赤彩が顕著である。とくに、浅鉢は14点に外面口縁部に赤彩がみとめら

れる。また、浅鉢と注口では少数ではあるが、口唇部も赤彩されている。

②土器表面の色調

合計35点中、にぶい黄橙色が10点、灰黄褐色が13点と多い。基本的には井口Ⅱ式（古）と同傾向にあり、灰白色やにぶい黄橙色などの白色系・黄色系、灰黄褐色や灰褐色などの灰色系・褐色系は多いが、暗褐色や黒褐色などの黒色系は少ない。

（4）八日市新保1式

①赤彩土器

浅鉢28点、鉢9点、注口1点、不明14点、合計52点である。浅鉢は口縁部から胴部にかけて残存している土器片が多いにもかかわらず、外面口縁部に赤彩が顕著である。鉢の場合も外面胴部にくらべて外面口縁部に赤彩が多くみられる。注口は口縁部から胴部にかけて残存しており、両面を赤彩している。内面への赤彩は浅鉢にもみられるが、口縁部2点のみである。さらに、浅鉢3点は口唇部にも赤彩がほどこされている。

②土器表面の色調

合計52点中、にぶい黄橙色が18点ともっとも多く、11点の黒褐色化がそのつぎに多い。全体としては、にぶい黄橙色やにぶい橙色などの白色系・黄色系が多く、にぶい褐色や灰黄褐色などの灰色系・褐色系と黒褐色や黒褐色化などの黒色系も同じ程度みられる。

（5）八日市新保2式

①赤彩土器

深鉢1点、浅鉢27点、鉢22点、注口1点、不明2点、合計53点である。浅鉢と鉢では外面胴部にくらべて外面口縁部に赤彩が顕著である。また、浅鉢の場合は、7点の口唇部に赤彩がみられる。深鉢と注口は口縁部片1点ずつであり、やはり外面が赤彩されている。

②土器表面色の色調

合計53点中で、にぶい黄橙色が17点ともっとも多く、その他の色調は5点以下である。

(6) 御経塚式

①赤彩土器

深鉢9点、浅鉢103点、鉢102点、注口8点、蓋23点、不明42点、合計287点である。器種に蓋が出現する。浅鉢は口唇部への赤彩が多く、56点をかぞえる。また、両面ともに胴部にくらべて口縁部が赤彩されているものが多い。一方、鉢の場合は口縁部よりも胴部が多く残存していることもあり、外面胴部がもっとも多い。深鉢は浅鉢や鉢にくらべると出土数は格段に少なく、外面口縁部に炭化物が付着しているものもみられる。注口と蓋も少数ではあるが、いずれも外面が赤彩されている。注口では注口部1点、蓋ではつまみ2点がふくまれている。口唇部への赤彩は浅鉢だけではなく、深鉢や鉢、注口にもみられた。

②土器表面の色調

合計287点のうち、にぶい黄橙色が75点ともっとも多く、ついで黒褐色化49点、さらに灰黄褐色36点、灰白色31点とつづいている。全体としては、灰白色やにぶい黄橙色などの白色系・黄色系がもっとも多く、つぎに黒褐色化・黒色化などの黒色系、そのつぎに灰黄褐色や褐灰色などの灰色系・褐色系の順になっている。

(7) 中屋1式

①赤彩土器

深鉢30点、浅鉢67点、鉢50点、注口3点、蓋67点、壺2点、不明44点、合計263点である。器種が豊富で、浅鉢と蓋は外面口縁部に赤彩が顕著である。出土数は少ないが、深鉢の場合も外面口縁部への赤彩がもっとも多い。口縁部に炭化物が付着している深鉢もあり、内面の珊瑚状突起に赤彩が確認される例

もある。鉢は外面の口縁部と胴部に同じ程度に赤彩されている。注口と壺はきわめて少なく、いずれも外面胴部が赤彩されている。注口には注口部1点がふくまれている。内面への赤彩は深鉢、浅鉢、鉢といった器種で口縁部のみにみられるが、浅鉢にもっとも多い。さらに、浅鉢では口唇部への赤彩も10点みられた。

②土器表面の色調

合計263点中、にぶい黄橙色53点、褐灰色52点、黒褐色化54点とそれぞれ50点以上確認されている。全体としては、にぶい黄橙色や灰白色などの白色系・黄色系、灰黄褐色や褐灰色などの灰色系・褐色系、黒褐色化や黒色化などの黒色系が、同じ程度の割合となっている。

(8) 中屋2式・3式

①赤彩土器

深鉢14点、浅鉢19点、鉢40点、蓋31点、壺1点、不明20点、合計125点である。鉢と蓋は外面口縁部への赤彩が目につく。蓋の場合、この口縁部のなかにつまみ6点がふくまれている。また、深鉢と浅鉢においても、鉢や蓋にくらべると少数ではあるが、外面口縁部への赤彩が多い。壺は胴部片であり、外面を赤彩している。内面への赤彩は、深鉢と鉢の口縁部に1点ずつみられるのみである。口唇部への赤彩は深鉢、浅鉢、鉢にみられるが、いずれも少数である。

②土器表面の色調

合計125点のうち、にぶい黄橙色が37点ともっとも多く、褐灰色26点、灰黄褐色18点、黒褐色化16点の順につづいている。全体としては、灰白色やにぶい黄橙色などの白色系・黄色系と灰黄褐色や褐灰色などの灰色系・褐色系がほぼ同数で、黒褐色化や黒色化などの黒色系がその半分くらいである。

（9）下野式・長竹式

①赤彩土器

深鉢4点、浅鉢2点、鉢11点、不明8点、合計25点である。深鉢は口縁部片1点と胴部片3点が出土し、内面胴部への赤彩が1点みられる。浅鉢は口縁部から胴部にかけての土器片が2点出土しており、外面の口縁部と胴部に1点ずつ赤彩がみられる。鉢では外面への赤彩が多いが、内面口縁部にも2点赤彩されている。

②土器表面の色調

全体量が少なく、合計25点である。灰黄褐色が6点ともっとも多くなっている。

3. 赤彩と土器表面の色調に関する考察

（1）器種と時期

御経塚遺跡からは縄文時代後期中葉から晩期の赤彩土器が出土しており、全体では1032点の赤彩された破片数を確認している。深鉢、浅鉢、鉢、注口、蓋、壺などの器種にみとめられ、とくに浅鉢や鉢に顕著である。しかしながら、浅鉢や鉢の出土量全体からみると赤彩されているものはきわめて少量で、圧倒的多数は彩色されていない土器である。このことから、赤彩された土器は非日常的な祭祀や儀礼に使用されたと考えている。

御経塚遺跡に隣接する御経塚シンデン遺跡は、後期中葉の馬替式（加曽利B1式後半～B2式前半）に位置づけられ、御経塚遺跡に先行する遺跡である（吉田・横山 2001）。しかしながら、この御経塚シンデン遺跡では赤彩土器がみられず、手取川扇状地では酒見式期から赤彩土器が出現するといえる。そして下野式～長竹式まで存続している。

（2）赤彩の彩色方法と顔料

　赤彩を土器焼成の前におこなったのか、焼成後におこなったのかという問題に言及するものである。土器の表面を観察すると塗布された赤彩がはげおちて、その痕跡をとどめている状況が確認される。このことから、土器焼成後に着色されたものと推察している。

　赤彩するときに使用された顔料については、酸化第二鉄を主成分とするベンガラ顔料と赤色硫化水銀を主成分とする朱顔料が使われていたことが、北野信彦氏の研究によって解明されている（北野 2003）。このような赤色顔料を液体にとかして塗料とし、焼成後の土器表面に塗布したものと推測している。

（3）黒色化と黒褐色化

　黒色化・黒褐色化は土器を焼成する際に意図的に黒色処理したものである。小林正史氏と鐘ヶ江賢二氏によれば、黒色処理は「炭素を吸着させる素材を野焼きの後半段階に土器にかぶせるか（黒色化）、または、付近にススが出る状態の薪を置いて炭素を吸着させる（褐色化）ことにより行われたと推定される」（小林・鐘ヶ江 2004：61頁）ものである。

　2002（平成14）年8月に野々市町ふるさと歴史館でおこなわれた土器の焼成実験の際、その過程を実際に見学する機会をえた。布尾和史氏のご教示によれば、土器を焼成した後、土器がまだ高温のうちに、枯葉や草などの有機物でおおい、土器に炭素を吸着させるものである（小林・北野ほか 2000）。その際、有機物から煙が生じたが、発火する場合もあるという。そして、炭素を吸着した部位が黒い色になり、それを黒色化・黒褐色化とよぶ、とのことである。

　御経塚遺跡においては酒見式期に出現し、それ以降すべての土器型式でみられ、とくに晩期の御経塚式と中屋1式に顕著であり、後期後葉の井口Ⅱ式はそれほど多くはない。その色調については、黒色よりもむしろ黒褐色のものが多いという傾向にある。この点については、御経塚式、中屋式、下野式の各型式の黒色処理された資料を、小林正史氏と鐘ヶ江賢治氏が分光測色計によりL*

(明度）を計測し、黒色が弱くて褐色が強いことを計測値でもあきらかにしている（小林・鐘ヶ江 2004）。

（4）赤彩部位と彩色方式

　赤彩土器の場合は外面口縁部に彩色される傾向が多くみられる。
　部位ごとに赤彩と黒色化処理を色わけする場合でも、同じ部位に赤彩と黒色化処理をほどこす場合でも、つねに赤彩が上にきて、黒色が下にくるという規則性がみとめられる。

（5）土器表面の色調と彩色との関係

赤彩がほどこされた 1032 点の土器で、その表面の色調をすべて観察した。これをもとに、赤彩と土器表面の色調との関係をのべていくことにする。

まず、土器表面の色調を個別にみると、もっとも多いのは白色系・黄色系のにぶい黄橙色（268 点、26.0％）で、すべての型式でみとめられた。ついで多いのは灰色系・褐色系の灰黄褐色（155 点、15.0％）で、これは型式によって多寡がある。これらのにぶい黄橙色や灰黄褐色はモンゴロイドの肌にちかい色調で、肌色といいかえることもできる。また、黒褐色化も 152 点で、全体の 14.7％をしめ、三番目に多くなっている。

つぎに、土器表面の色調は 3 類に大きくまとめることができる。第一は黒色系で、黒褐色化や黒色化など黒色にきわめてちかい色調である。黒褐色をふくめて 253 点確認しており、全体の 25.3％をしめている。第二は白色系・黄色系で、にぶい黄橙色やにぶい橙色、灰白色などの薄い色調である。388 点で、全体の 37.6％をしめている。第三は灰色系・褐色系で、白色系・黄色系と黒色系の間に位置し、灰黄褐色や褐灰色などの色調である。にぶい褐色と灰褐色をふくめて 326 点確認しており、全体の 31.6％をしめている。

土器表面の色調と彩色との関係では、黒色系の土器表面に赤彩した場合は黒地に赤となり、赤と黒が対比、融合される形になる。白色系・黄色系は薄い色であるため白地に赤となり、白いキャンバスに色づけするような彩色手段とな

っている。

　赤彩と土器表面の色調との関係をとおしてみると、土器を製作する段階から焼成後の色調を意識していたことや、その後に赤彩することを考慮していたと推察している。また、焼成後の色調が意図どおりでなくても、それはそれで受容する鷹揚さをもちあわせていたことも推測できる。

（6）土器表面の色調の種類数

　この項目の主題とはずれるが、色調の種類数についてみていく。酒見式は9種類であるが、井口Ⅱ式（古）から中屋1式までは10～15種類と多い。それに対して、中屋2式・3式では9種類、下野式・長竹式は7種類と時期がくだるにつれて減少していく傾向がみとめられる。とくに注目されるのは中屋式期で、中屋1式は14種類、中屋2式・3式は9種類となっており、色調の種類数については中屋式のなかで変化がみとめられる。

4. 後晩期における再生観念

　御経塚遺跡で生活していた縄文時代の人びとにとって赤彩の赤と黒色化処理の黒がどのような意味をもっていたのかという問題について、死と再生の観念を媒介として考察したい。縄文時代に死と再生の観念が存在すると考える研究者がいる一方で、縄文時代後晩期には死者の再生を阻止する儀礼があったと考える研究者もいる。本項では、まず先学によって提示されている諸説を確認しておきたい。

（1）死と再生に関する諸説

　縄文時代における再生観念の発達については、河野広道氏の研究を嚆矢とする（河野1935）。河野広道氏は、クマの魂を丁重にあの世へおくるアイヌ民族の熊祭りをモデルに、本州の縄文時代の貝塚から埋葬人骨が出土する事実を解釈しようとしたもので、貝塚は単なるごみ捨て場でなく、魂送りの場であると

解釈した。

　佐々木高明氏は、アイヌやシベリアの諸民族における狩猟対象動物の霊送りの儀礼を根拠に、縄文時代の祭儀にはさまざまな通過儀礼と生産儀礼があり、縄文社会ではそれらがいろいろな形でいとなまれていたことを推測している（佐々木 1991）。そして「『死と再生』の観念とその儀礼は、縄文の祭儀の中で大きな重要性を占めていたことは間違いない」（206 頁）としている。

　渡辺誠氏は、河野説に依拠して貝塚は単なるゴミ捨て場ではなく、物をあの世におくって再生を願う場であると考えている。そして縄文時代の儀礼のメインテーマは「死と再生」であると指摘し、縄文人にとって「災害が少なく季節の運行が正常に推移すること、いわば万物が順調に『死と再生』をくり返すことこそ、生活を支えるためにもっとも望ましいこと」（渡辺・梅原 1989：138 頁、渡辺 1996：84 頁）であったとのべている。また、「『人間の再生とともに動植物の再生をも願う心』。これが縄文人を理解する重要なキーワードである。この再生をもたらす重要な背景に、生殖と四季の移り変わりがあった」（渡辺・梅原 1989：74 頁、渡辺 1996：91 頁）としている。その後、貝塚への埋葬、人面・土偶装飾付土器や土偶、埋甕の風習に共通する考え方として「死と再生の神話」が存在したとし、それが縄文人の精神構造の中核にあり、縄文人の生活規範で、縄文文化の核であったと考えている（渡辺 2000ab）。

　渡辺仁氏は「未開社会では、墓地と祭祀儀礼場は必ずしも相容れないものではない」（渡辺 1990：119 頁）と指摘している。

（2）再生忌避儀礼説

　田中良之氏は、福岡県山鹿貝塚の 2〜4 号人骨に遺体毀損が確認されることから、縄文時代には死者の再生を阻止する儀礼があったことを推測している（田中 2008）。これらの毀損人骨が「いくつかの出自集団あるいは氏族をまとめるリーダーであり、おそらくは呪的能力の高い人物であったが故に、死後は再生を阻止されたのではないかと考えられる。いずれにせよ、首長に対する扱いではないだろう」（178 頁）とのべている。この点から忌避儀礼は一般的なもの

でなく、限定されたもの、特殊なものであったと筆者は推定している。

5. 結論と今後の課題

　死と再生の観念が存在したというという前提にたち、赤と黒をそれにあてはめるならば、赤彩の赤は生や再生をあらわし、黒色化処理の黒は死をあらわすとすることができるであろう。根拠となる資料をさがしているものの良好なものがみつからず、現時点ではとくに根拠があってのべているわけではないので、反対の形にあてはめることも可能である。すなわち、黒は生や再生をあらわし、赤は死をあらわすとすることもできる。しかしながら、感覚的な問題として、前者の方がおちつきがよいことも確かであろう。

　御経塚遺跡の赤彩土器では、同じ部位に赤彩と黒色化処理をほどこす場合にしろ、部位ごとに赤彩と黒色化処理を色わけする場合にしろ、つねに赤彩が上にきて、黒色化処理が下にくるという規則性がみとめられる。これは黒＝死の上に赤＝再生がある、黒＝死の後に赤＝再生があるというふうに理解することも可能である。

　また、御経塚遺跡から出土した土器表面の色調では、にぶい黄橙色や灰黄褐色が多いという傾向がみられる。これらはモンゴロイドの肌にちかい色調で、肌色といいかえることもできる。このような色調の土器を生ある人体にみたて、黒に死という意味を、赤に生や再生という意味をもたせて彩色し、非日常的な祭祀や儀礼の際に使用されたと推測している。

　つぎに、死と再生の観念が存在しなかったというという前提にたつと、赤色硫化水銀を主成分とする朱顔料や酸化第二鉄を主成分とするベンガラ顔料を利用する技術水準にあり、黒色化処理をする土器製作上の技術をもちあわせていて、赤色と黒色で縄文土器を彩色すると美麗になったから彩色したと解釈することができる。

　今後の課題としては、縄文時代に存在したとされる死と再生の観念の仮説自体を検証しなければならない点を指摘することができる。

第2節　晩期における外来系土器の移入形態

1. 研究の目的と方法

　縄文時代晩期の手取川扇状地においては東北地方から亀ヶ岡系土器が移入された可能性が指摘され、西日本の突帯文系土器や遠賀川系土器が移入されたことも報告されている。しかしながら、土器自体が移入されたのか、あるいは製作技術が移入されたのか、その移入形態についてはほとんど論究されていない。こうした課題を解決するための試行として、本節では他地域からの土器や技術の移入形態について想定をおこない、その可能性の多寡を探求していくものである。

　この目的を達成するために、東北地方からの移入形態に関しては、金沢市中屋サワ遺跡から出土した縄文土器をもとに検討していく。西日本からの移入形態に関しては、野々市市御経塚遺跡から突帯文系土器が出土しており、その移入形態について検討をくわえる。また、野々市市粟田遺跡や白山市乾遺跡、白山市八田中遺跡から遠賀川系土器が出土しているので、その移入形態についても検討をくわえる。

　外来系土器の移入形態を検討する前に、手取川扇状地の晩期社会の基本性格を把握し、土器型式編年に付加された較正年代を明示した上で論をすすめていく。

2. 晩期社会の基本形態と年代

(1) 手取川扇状地の晩期社会の基本形態

　まず、縄文時代晩期の地域社会について田中良之氏の説を確認し、それをもとにして手取川扇状地の晩期社会の基本形態を把握しておきたい。

　田中良之氏は「縄文時代のある段階以降は部族社会であり、後期以降は同じ祖先と系譜をもつ氏族に分割され、それが部族へと統合されて地域社会を形成していた可能性が高い。そうすると、地域社会すなわち部族は複数の氏族が構成し、集落は氏族の分節である出自集団が複数で構成することになり、その統合は祭祀などで行ったことが想起される」（田中 2008：171頁）としている。祭祀や儀礼に関する遺物や遺構は「社会統合の機能との関連で理解されよう。そして、これらを主催する部族・氏族の族長や呪術者・長老などのリーダーたちの存在も予想される」（田中 2008：173頁）としている。

　上記のことを縄文時代晩期の北陸地方にあてはめて、石川県と富山県をあわせた地域およびその周辺地域に居住する氏族が統合されて部族が形成されていたと想定するものである。遺跡の継続性や規模から、手取川扇状地の遺跡群は部族の中でも中心的な役割をはたしていたと推測している。

(2) 縄文晩期の土器型式編年と較正年代

　序章第3節を参考にしながら、北陸における縄文時代晩期の土器型式編年と各土器型式の較正年代を再度確認しておきたい。

　　縄文晩期　　御経塚1式：約1300～約1240 cal BC
　　　　　　　　御経塚2式：約1240～約1170 cal BC
　　　　　　　　御経塚3式：約1170～約1100 cal BC
　　　　　　　　中屋1式：約1100～約1040 cal BC
　　　　　　　　中屋2式：約1040～約970 cal BC

　　　　中屋3式：約970～約900 cal BC
　　　　下野1式：約900～約850 cal BC
　　　　下野2式：約850～約800 cal BC
　　　　長竹1式：約800～約650 cal BC
　　　　長竹2式：約650～約500 cal BC
弥生前期　柴山出村1式：約500～約400 cal BC

　長竹式の後半期にあたる長竹2式（約650～約500 cal BC）が畿内第Ⅰ様式古段階に並行し、弥生時代前期末の柴山出村1式が畿内第Ⅰ様式中段階に並行すると考えられている（吉田 2011）。

3. 亀ヶ岡系土器の出土状況と移入形態

(1) 中屋サワ遺跡から出土した精製土器

　手取川扇状地の縄文時代晩期の遺跡において東北地方から移入された精製土器が存在することに最初に注目したのは西野秀和氏である。西野氏は晩期の遺跡を調査すると東北地方からの移入品と考えられる精製土器片が1～2点出土し、胎土、調整、焼成、色調などから在地の土器と識別されることを指摘している（山本ほか 1986）。

　本節では金沢市中屋サワ遺跡から出土した精製土器をもとに、それらが移入土器か否かを検討する。同遺跡の2001年度・2002年度・2006年度の3次にわたる調査では、後期末の八日市新保式から長竹式まで出土しており、もっとも出土量の多いのが中屋式で、ついで御経塚式となっている（谷口・前田ほか 2009、谷口・谷口ほか 2010）。とくにSD40と遺構名がつけられた河川跡からは残存状態が良好な縄文土器が大量に出土しており、これらの中で特段の精製品は、注口土器3点、壺形土器1点、小型の鉢形土器3点、小型の深鉢形土器2点、合計9点である（図32・33）。以下、これらを順に記述していく。

　図32の1254の注口土器は文様がかくれるくらいに外面全面に赤漆がぬられ

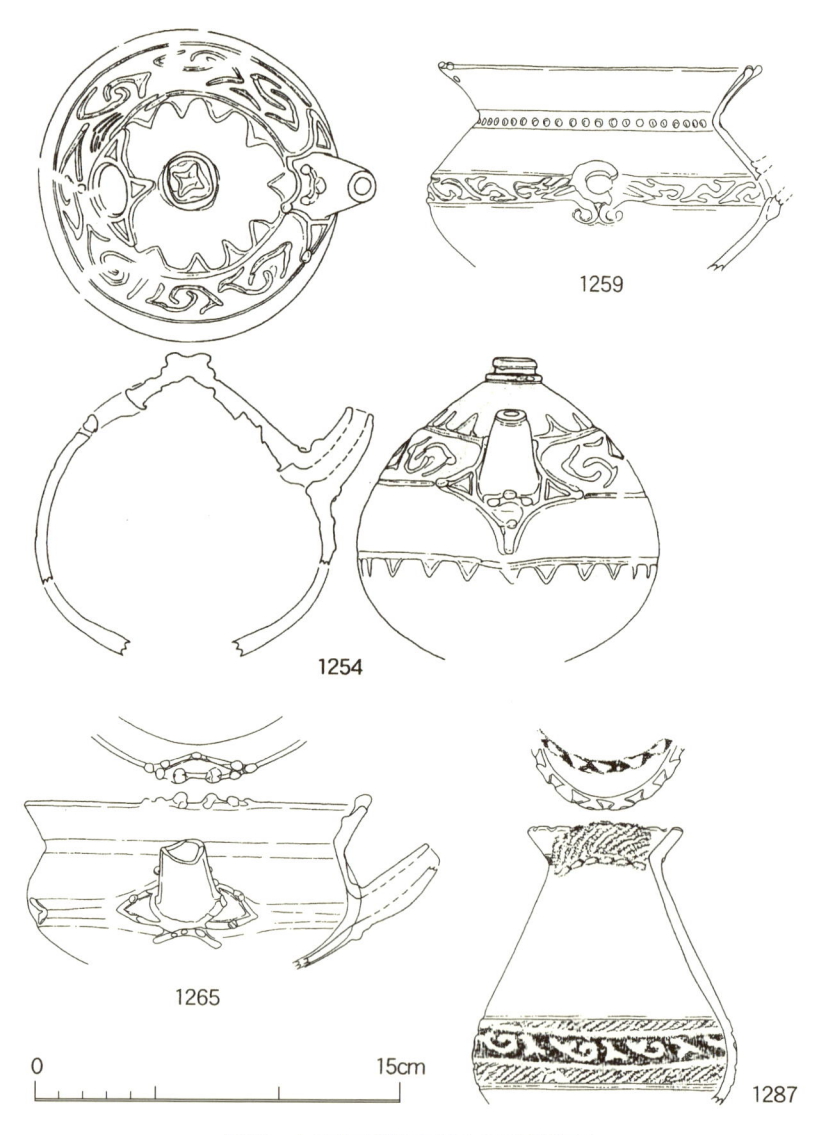

138 第4章 赤彩土器の発達と外来系土器の移入形態

1259

1254

1265

1287

図32 中屋サワ遺跡の縄文土器実測図1
（縮尺1：3、谷口ほか 2009、番号は報告書と一致する。）

ている。胴部の文様帯の上下端には鋸歯状の文様が、胴部上半には入組三叉文がほどこされている。

　図32の1259の注口土器は外面と内面口縁部に黒色化処理がほどこされている。「く」の字状に屈曲する頸部には列点文が、胴部には入組三叉文がほどこされている。

　図32の1265の注口土器は無文で、両面ともに黒色化処理がほどこされている。口唇部には珊瑚状突起がつけられている。

　図32の1287の壺形土器は外面と内面口縁部に黒色化処理がほどこされ、口唇部と外面口縁部は赤彩されている。口唇部には三角形のえぐりこみ、口縁部には縄文、頸部には列点文、胴部には縄文と入組三叉文がほどこされている。

　図33の170の小型の鉢形土器は両面とも黒色化処理がほどこされ、外面沈線部に赤色顔料がのこっている。胎土は灰色を呈し、口縁部は両面とも丁寧に研磨されている。口縁部には縄文が、胴部には縄文と列点文がほどこされている。

　図33の1299の小型の深鉢形土器は口縁部両面に黒色化処理がほどこされ、外面の口縁部から胴部上半の縄文と沈線部分に赤彩された痕跡がのこっている。口縁部から胴部上半には縄文がほどこされ、「く」の字状に屈曲する頸部には列点文、胴部上半には「＋」を横に連続した文様もほどこされている。

　図33の1331の小型無文の深鉢形土器は両面とも黒色化処理がほどこされ、口唇部から内面口縁部に赤彩痕がのこっている。土器はひじょうに薄い。

　図33の1328の小型の鉢形土器は両面とも黒色化処理がほどこされ、口唇部の珊瑚状突起に赤彩された痕跡がのこっている。無文で、頸部には列点文がほどこされる。土器の厚さはひじょうに薄い。

　図33の1293の小型鉢形土器では、その厚さはひじょうに薄く、鋸歯状文様の沈線や縄文に赤色顔料がのこっている。

　これらに共通する特徴は、小型、器厚が薄い、胎土に砂礫をほとんどふくまない、研磨が丁寧、黒色化処理がいちじるしい、手にもつと軽く感じる、などである。これらは秀逸な精製土器であるが、東北地方の亀ヶ岡式土器とくらべ

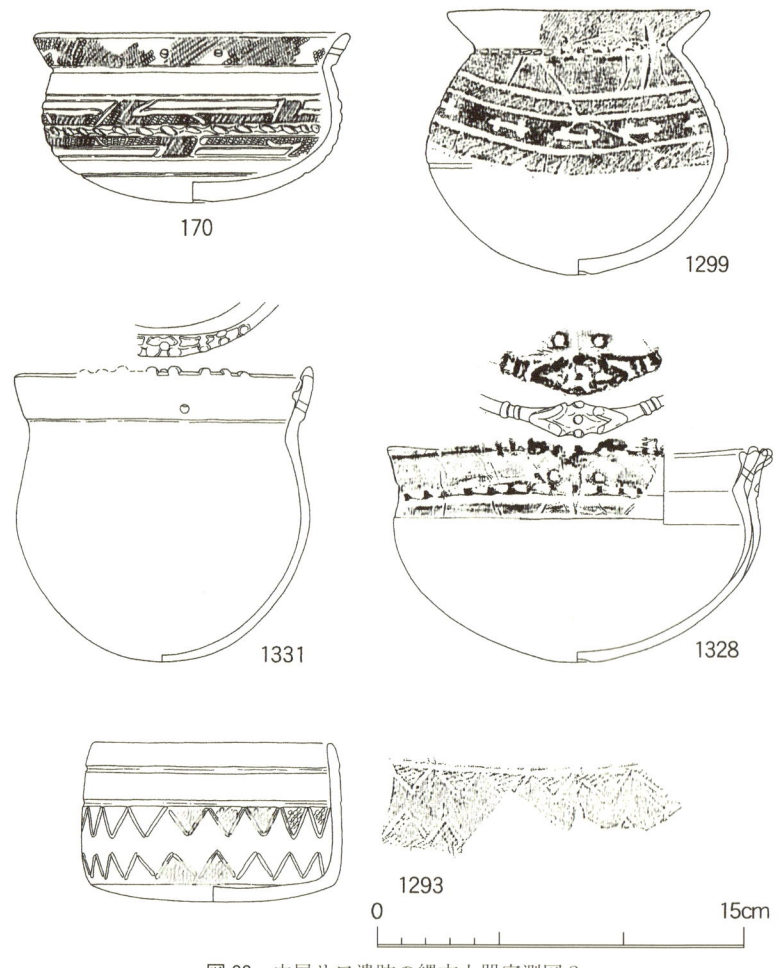

140 第4章 赤彩土器の発達と外来系土器の移入形態

図33 中屋サワ遺跡の縄文土器実測図2
(縮尺1:3、谷口ほか 2009・谷口ほか 2010、番号は報告書と一致する。)

てみると文様や器形は異なっている。これらはやはり中屋式土器にふくめるのが適切であり、吉田淳氏の分類では中屋2式・3式（吉田 2009）、久田正弘氏の分類では中屋2式（久田 2012）になる。

（２）亀ヶ岡系土器の移入形態

　以下の三つの場合が想定できる。まず、大きくは精製土器自体が移入された場合と製作技術が移入された場合が想定でき、後者はさらに二つの場合が想定できる。

①精製土器自体が移入された場合

　可能性がないわけではないが、ほぼないと考えている。中屋サワ遺跡からは遮光器土偶の破片が出土していることから移入品が絶対にないとはいいきれない。しかし、遮光器土偶の胎土には砂礫がまざり、つくりが悪いため、移入品でなく、在地で製作された模倣品の可能性も高いと考えている。

　もし精製土器が東北地方で製作された移入品である場合は二とおりの考え方ができ、一つは交易品として移入されるというもので、もう一つは贈り物として移入されるというものである。

　まず、交易品と想定した場合を考えてみる。晩期前半の手取川扇状地には亀ヶ岡系土器は移入されるが、手取川扇状地の文物は東北地方へとくに移出されていない。交易は移入と移出の双方が存在してなりたつものなので、移出品が存在しないことから交易はなかったことになり、交易品説は成立しなくなる。

　つぎに、贈り物と想定した場合を考えてみる。手取川扇状地の氏族あるいは周辺の氏族を統合した部族の族長の継承儀礼などが開催された時に、招待された東北地方の部族・氏族の族長を中心とした集団が贈り物として亀ヶ岡系土器を持参したと推測している。

②製作技術が移入された場合（１）

　東北地方の人びとが手取川扇状地にきて製作技術をおしえ、在地の伝統や流儀、嗜好にあわせて類似品が製作された場合が想定できる。三つの想定の中で可能性がもっとも高いと考えている。

　東北地方の人びとがどのような時に手取川扇状地にきたのかということであるが、招待された族長の継承儀礼に参加する時にきたと考えている。手取川扇状地の氏族あるいは部族の族長の継承儀礼などが開催された時に、東北地方の

部族・氏族の族長を中心とした集団が招待され、東北集団は遠距離の移動をしいられるために移動の邪魔になる物やこわれやすい物を贈り物としてもっていくことができず、身につけている技術を滞在中に手取川扇状地の人びとにつたえ、宿泊や食料への返礼としたと考えている。精製土器の製作技術や掘立柱建物の建築技術をもった技術者も集団のなかにふくまれていて、継承儀礼への参加で滞在している時に技術指導をおこない、指導をうけた在地の人びとが習得した技術を駆使して類似品を製作したと推測している。とくに中屋2式～3式期に頻繁にそのような交流があったと考えている。

③製作技術が移入された場合（2）

手取川扇状地の人びとが東北地方まででかけていって技術を習得し、手取川扇状地にかえってきて在地の伝統や流儀、嗜好にあわせて類似品を製作した場合が想定できる。

東北地方の部族や氏族の族長の継承儀礼に招待された時にでかけていったと推測している。

4. 突帯文系土器の出土状況と移入形態

（1）御経塚遺跡から出土した突帯文系土器

手取川扇状地において突帯文系土器が出土している遺跡はきわめて少なく、御経塚遺跡から少量出土している程度である（図34、吉田ほか 1989・2003）。吉田淳氏の報告（吉田ほか 1989）によれば、図34の1は片口状の器形で丸底気味になり、内面口縁部と外面全体に赤彩痕がのこるとされている。図34の6の外面にも赤彩された痕跡がのこっている。図34の18は胴部上半に段をもつ壺型土器である。久田正弘氏は、図34の431は突帯文第1期前池式段階であるとし、下野式前半（大洞C2式前半）に位置づけている（久田 2012）。図34の18は焼成前に赤彩されていることから、久田氏は夜臼式の丹塗研磨技法の影響を想定している。

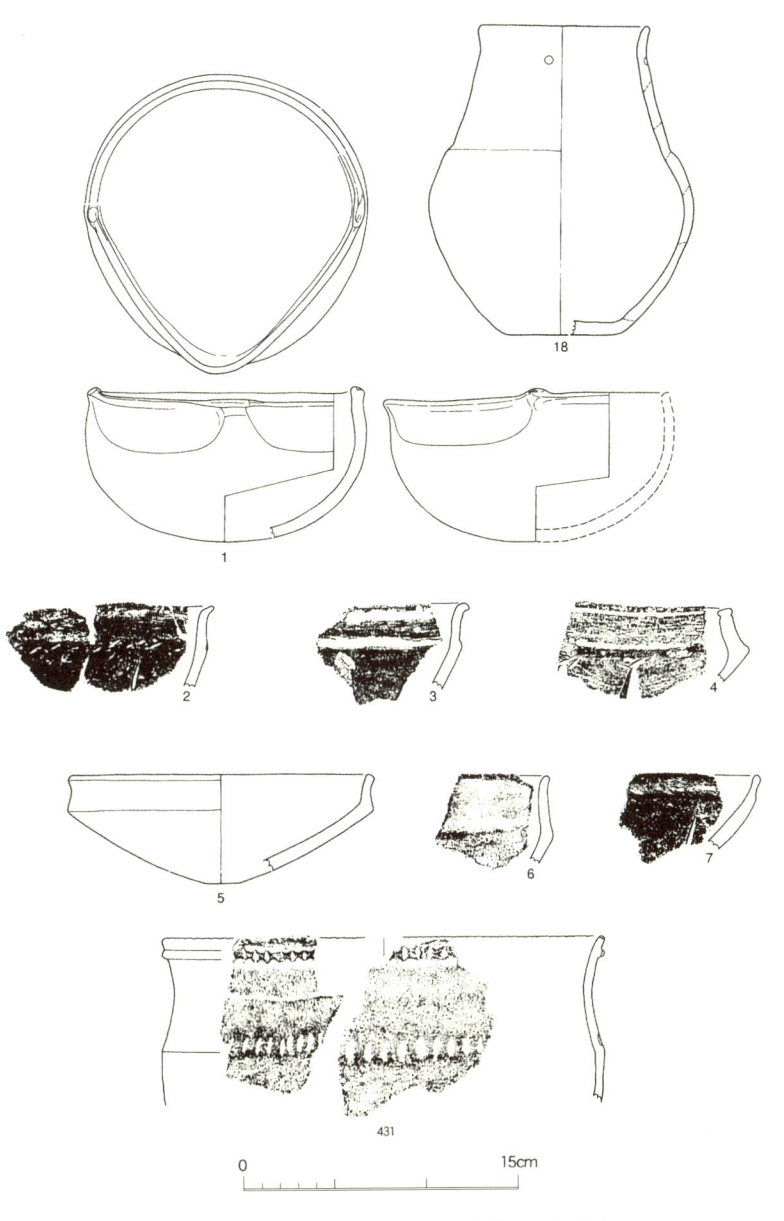

第2節　晩期における外来系土器の移入形態　143

図34　手取川扇状地の突帯文系土器実測図
（縮尺1：4、出典は各報告書、番号は報告書と一致する。）

吉田淳氏は突帯文系土器を「東海や西日本地域の影響を受けたもの」（吉田ほか1989：92頁）とし、久田正弘氏は「石川県における西日本突帯文系土器は、模倣土器が多く、その帰属時期がむずかしい」（久田 2012：48頁）とのべるにとどまっている。模倣された突帯文系土器が石川県に移入されたのか、石川県で突帯文土器を模倣して土器が製作されたのか、という問題については言及していない。

（2）突帯文系土器の移入形態

製作技術が移入された場合と土器自体が移入された場合が想定できる。
①製作技術が移入された場合

出土した点数はごくわずかで、技術が移入されて少量の突帯文系土器が製作されたと想定することもできるが、その可能性はきわめて低いと考えている。
②土器自体が移入された場合

三とおりの考え方ができ、第一は交易品、第二は贈り物、第三は土産である。

第一は交易品については、交易活動らしい文物の移出入はないので交易品とは考えがたい。

第二の贈り物については、手取川扇状地で部族や氏族の族長の継承儀礼などが開催された時に、招待された東海地方や近畿地方の部族・氏族の族長とその集団が贈り物として突帯文系土器を持参した場合が想定できる。

第三の土産については、手取川扇状地の人びとが東海地方や近畿地方までででかけていって突帯文土器を実見し、突帯文土器ににせた土器を製作して土産としてもちかえった場合が想定できる。東海地方や近畿地方の部族や氏族で開催された族長の継承儀礼に招待された時にでかけていったと推測している。

5. 遠賀川系土器の出土状況と移入形態

(1) 粟田・乾・八田中の 3 遺跡から出土した遠賀川系土器

手取川扇状地の晩期後半の遺跡で遠賀川系土器が出土しているのは、野々市市粟田遺跡と白山市乾遺跡、白山市八田中遺跡である。3遺跡の資料についてみていく（図35）。

①野々市市粟田遺跡

B調査区では壺形土器の胴部上半片が1点出土しており（図35の1）、久田正弘氏は畿内第I様式古段階（長竹式）に相当するとしている（久田 1991）。C調査区では壺形土器の底部が1点出土している。

②白山市乾遺跡

8点の壺型土器が出土している（図35の637～643）。これらの所属時期について、岡本恭一氏は長竹式期後半から柴山出村1式期に併行するものと考えている（岡本 2001）。

③白山市八田中遺跡

削り出し突帯をもつ壺型土器片が2点出土しており（図35の2ab）、削出突帯第Ⅱ種少条で、畿内第I様式中段階に比定されている（久田ほか 1988）。その後、久田正弘氏は柴山出村前半に位置づけている（久田 2012）。

(2) 遠賀川系土器の移入形態

製作技術が移入された場合と土器が移入された場合の二とおりのあり方が想定できる。

①製作技術が移入された場合

器種は壺形土器ばかりで、外反口縁の甕形土器は皆無である。また、壺形土器の出土点数はごくわずかである。技術が移入されて少量の土器が製作されたと想定することもできるが、その可能性はきわめて低いと考えている。

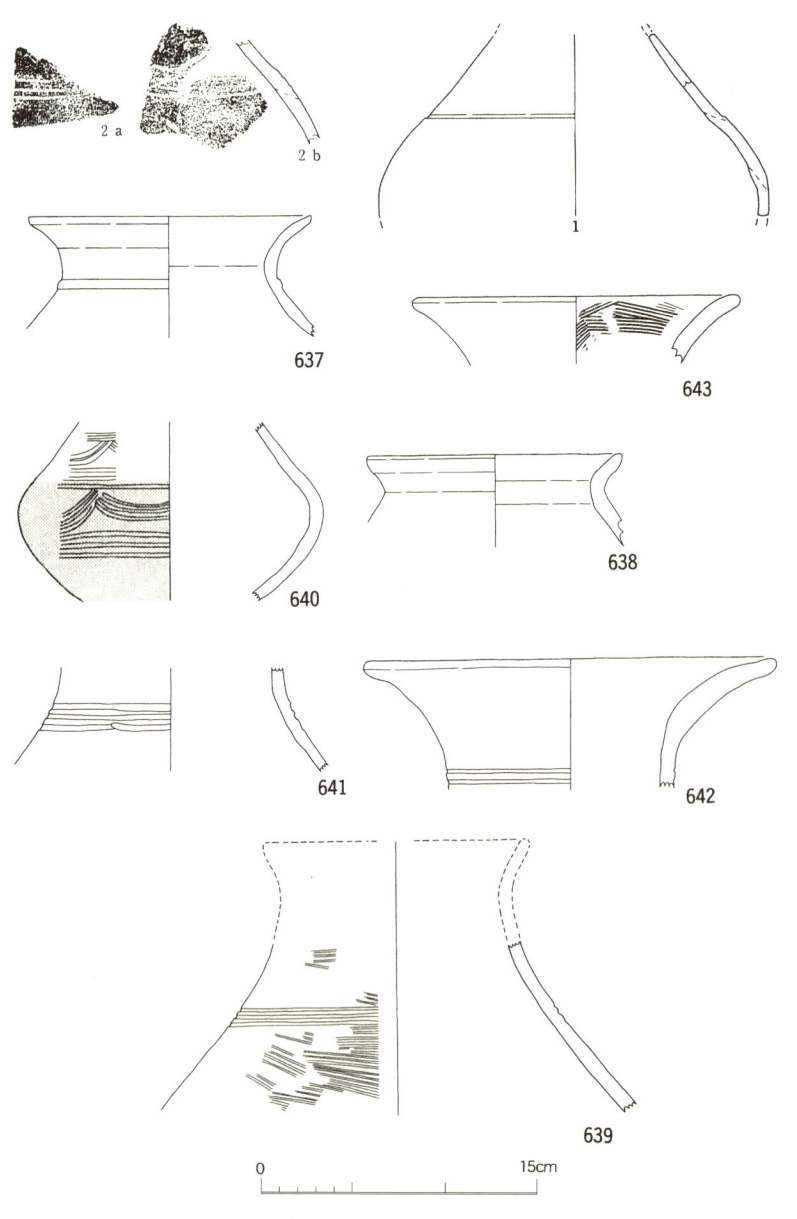

146　第4章　赤彩土器の発達と外来系土器の移入形態

図35　手取川扇状地の遠賀川系土器実測図
（縮尺1:4、出典は各報告書、番号は報告書と一致する。）

②土器自体が移入された場合

　三とおりの考え方ができ、第一は交易品、第二は贈り物、第三は土産であるが、交易品は突帯文系土器同様に否定される。

　贈り物と土産については、継承儀礼に招待された西日本の部族あるいは氏族の族長とその集団が贈り物として持参したことによって手取川扇状地に移入されたと推測している。または近畿地方の部族や氏族で開催された族長の継承儀礼に招待された時にでかけていった人びとが土産としてもちかえったとも推測できる。

6. 結論

　本節では、地域社会としての部族が複数の氏族から構成されるとする田中良之氏の説を前提とし（田中 2008）、族長の継承儀礼への出席という推測を介在させて他地域からの外来系土器の移入形態を想定し、その可能性の大小を推察した。

　亀ヶ岡系土器の場合は、人の移動にともなって製作技術が手取川扇状地に移入され、在地の主体性を維持しながら亀ヶ岡式土器を手本に類似した土器が製作された可能性が高いと推察した。突帯文系土器や遠賀川系土器では、土器そのものが贈り物や土産として移入された可能性の高さを推察した。突帯文系土器が出土しているのが手取川扇状地の拠点集落の御経塚遺跡であるのに対し、遠賀川系土器が出土している3遺跡は新興の集落や墓域である。新しい文化の象徴ともなる遠賀川系土器を保守的な御経塚遺跡はうけいれなかったと考えている。あるいは、御経塚遺跡は遠賀川系土器を受容したものの、周囲の集落にすべて再分配したため同遺跡にのこらず、遠賀川系土器が出土しないと考えることもできる。

第 5 章

後晩期の社会と地域社会

第1節　気候変動と土器型式の関係性

1. 研究の目的と方法

　本節の目的は、北陸地方の縄文時代後期中葉から弥生時代前期を対象に、気候の寒冷化と土器の型式変化の関係性をあきらかにすることである。
　研究の方法については、最初に縄文時代後期中葉～弥生時代前期における気候変動と歴史事象に関する諸説を確認していく。つぎに、気候変動によって寒冷化した時期の較正年代と土器型式の較正年代を比較し、両者の年代が一致するものや寒冷化した時期に相当する土器型式を指摘し、その関係性をあきらかにしていく。

2. 気候変動と歴史事象に関する諸説

　最初に甲元眞之氏の考えを確認し、つぎに宮本一夫・今村峯雄・藤尾慎一郎の3氏の考えを確認していくことにする。

（1）甲元眞之氏の説

　完新世の気候変動を考察するときに、年輪年代を利用することによって紀元前3000年頃までの年代を確実にとらえることが可能となると指摘したうえで、花粉分析資料・年輪年代資料・考古学資料の3者を相関させて厳密な気候変動の時期的把握をおこない、気候変動が人間生活におよぼした影響について検討している（甲元 2008）。
　まず、アメリカの年輪年代による気候の寒冷化と温暖化の年代的変化は、地

球規模の気候変動に対する指針とすることができるとし、「寒冷化現象は、紀元前3000年以降の年代では、紀元前2170年前後、1800年前後、1450年前後、1200年前後、750年前後、350年前後、紀元後150年前後をそれぞれピークとする時期に出現していた」(甲元 2008：6頁)としている。

つぎに、「寒冷化した時期には海水面が低下して、沿岸部の砂が風により陸地に運ばれて風成砂丘が形成されることとなる。一方温暖期には海水面が上昇することで砂の供給がとまり、植物が繁茂することでクロスナ層が形成される。(中略)沿岸砂丘に形成された遺跡の層位関係と考古遺物とを対比させることで、寒冷化して砂丘が形成された時期と温暖化して砂丘上に先史時代人が生活の拠点を求めた時期を特定することが可能となる」(甲元 2008：36頁)とし、研究の手順をしめしている。

最後に、気候変動による寒冷化の年代と砂丘の形成時期の対比から「寒冷化現象により惹き起こされた西日本沿岸地域での砂丘や砂堤の形成期からは、縄文時代晩期と弥生時代早期の境は紀元前8世紀末、弥生時代前期末と中期初頭の境界は紀元前4世紀中葉、弥生時代後期後半と後期終末期の間は紀元後2世紀末葉に比定される」(甲元 2008：46頁)という結論をみちびきだしている。

(2) 宮本一夫氏の説

宮本一夫氏は日本列島をふくむ東北アジアの農耕化を考えるうえで紀元前4千年紀から紀元前1千年紀は重要であるとし、年縞堆積物の分析や遺跡にのこる風成砂層形成期、年輪にみとめられる寒冷期を総合し、この間に寒冷a期から寒冷d期までの四つの寒冷期が存在したことを指摘している(宮本 2009)。寒冷a期は紀元前3300年頃、寒冷b期は紀元前2400〜2200年頃、寒冷c期は紀元前1600年頃、寒冷d期は紀元前1000年頃であるとし、寒冷期の年代を特定している。そして最後の寒冷d期に朝鮮半島南部から人びとが渡来して北部九州での水稲農耕がはじまったとし、弥生時代の開始が寒冷d期の直後におこった現象であると推察している。その寒冷d期の年代については、福沢仁之氏の論考(福沢 1996)を根拠に紀元前1000年頃でなく、紀元前800年頃に

なると考えている。[1]

また、農耕の伝播の要因を二つ想定し、一つは農耕民の移動や移住で、もう一つは気候変動、とりわけ寒冷化のような気候悪化であるとし、二つの要因をくみあわせた寒冷化にともなう人間の移動による農耕の伝播を強調している。そして紀元前800年頃の「寒冷d期が朝鮮半島南部の渡来人によって弥生文化成立の契機が与えられた段階に相当する」（宮本 2009：198頁）とし、水田稲作農耕の北部九州への伝播を説明している。

(3) 今村峯雄氏の説

まず、今村峯雄氏の説で重要な役割をはたしている炭素14について確認しておきたい。

炭素14は大気上層で宇宙線の作用でつくられた中性子とその周囲にある窒素14との相互作用でたえず生成されており、その一方で炭素14は放射性同位体であるためベータ線とニュートリノを放射して安定な窒素14にかわっていく（中村 1999）。生成量と崩壊量がおなじであるならば地表全体での炭素14の総量はおなじであり、その濃度は平衡状態となって一定の割合がたもたれることになる。しかしながら、宇宙線強度の変化と気候変動などによる大気・海洋間の炭素循環の変動を要因として炭素14濃度には地域差や経年変化がみとめられている（今村 2006）。

今村峯雄氏は北半球の平均気温変動は太陽活動と火山活動でおおむね説明されているとし、「年輪中の炭素14濃度から得られる大気中の炭素14生成率変化のデータから、過去の太陽活動を知ることができること、東アジアの古気候と太陽活動は密接に関連しているという事実」（今村・藤尾 2009：49頁）を確認している。そのうえで炭素14暦年較正曲線（IntCal04）をもちいて過去3500年間における大気中の炭素14生成率を計算し、図にあらわしている（図36）。生成率の曲線が頂点になっている部分が太陽活動の停滞していた時期となり、生成率の谷間は太陽活動がさかんな時期となる。また、炭素14生成率と気温指標値には逆相関があり、太陽活動が停滞しはじめる時期と気温が低く

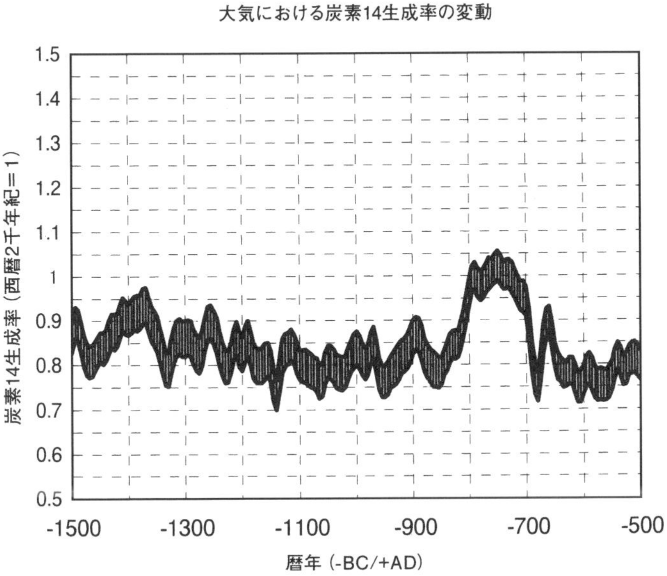

大気における炭素14生成率の変動

図36　炭素14生成率の変動図（今村・藤尾 2009）

なる時期はほぼ一致していることを指摘している。

　そして「標準的な炭素14生成率を0.75〜0.80とみると、紀元前1400〜1350年、紀元前1250年、紀元前900年、紀元前850〜700年、紀元前670年頃に、太陽活動の停滞期があり、とくに紀元前820年前後から始まる停滞期は規模も大きく期間も長い。（中略）紀元前900年からの約20年間の太陽活動停滞期は紀元前820年から始まる停滞期とほぼ同程度の強さ」（今村・藤尾 2009：52頁）であり、これらの太陽活動停滞期には気候が寒冷化していたとする。一方、「紀元前800年頃からつづいた太陽活動停滞期が紀元前600年半ばには終束した。その後は紀元前400年頃始まる再度の大きな停滞期の時期まで約2世紀半に渡って太陽活動は平常で、その結果気候は比較的温暖であったと推測される」（53頁）としている。

　今村峯雄氏は「歴史事象を気候変動と安易に結びつけることには慎重でなければならない」（57頁）と自戒したうえで、「稲作の伝来が環境に遠因があるとすれば、日本列島における稲作の開始は、紀元前900年頃の可能性が高い。ま

た、紀元前820年頃に本格化しはじめた次の寒冷化とともに大陸からの人びとの移住が行われた可能性」(57頁) があることを推測している。さらに、紀元前600年半ばから紀元前400年頃までの約2世紀半の温暖期が「弥生文化が東へと波及した時期に相当するのは、たいへん興味深い」(53頁) とのべている (図37)。

　甲元眞之氏の考えに対しては、1645年から1715年にかけてのマウンダー極小期は寒冷化して太陽黒点がほとんど観測されなかった時期であったにもかかわらず、海水準の低下が報告されていないことを根拠にあげ、紀元前820年頃からの「砂丘形成は寒冷化による海水準の低下が原因であったとは考えにくい」(52頁) と否定している。対案として「太陽活動の停滞が始まる前後には、異常気象が現れやすく、これが砂丘の発達を促した可能性がある」(52頁) という考えを提示している。

（4）藤尾慎一郎氏の説

　国立歴史民俗博物館で今村峯雄氏らと共同研究をすすめている藤尾慎一郎氏は、まず「最近関心をもたれているのは較正曲線と寒冷化との関係である。寒冷化は太陽活動の強弱と結びついているので、実際は寒冷化の時期と較正曲線の急激な傾きが一致するかどうかよりも、太陽活動と較正曲線との関係をみなければならないことになる。(中略) 分析の結果、較正曲線が急激な傾きを見せる時期と太陽活動の強弱は微妙にずれることが明らかにされている」(藤尾2009a：10頁) としている。

　つぎの段階として「紀元前1000年から紀元前400年の間に幾度かみられる寒冷化のうち、どの寒冷化とどの歴史事象を科学的に結びつけるかも問題となっている。歴博では複数の土器型式の炭素14年代値と複数の寒冷化の関係を詳細に照合することにより、最古の水田がともなう山の寺式土器に付着した炭化物の炭素14年代測定結果と、紀元前10世紀後半の炭素14年代値が一致することから、この時期の寒冷化を弥生開始年代として認定している」(藤尾2009a：10頁) とのべている。さらに、水田稲作は「紀元前700年の直前から

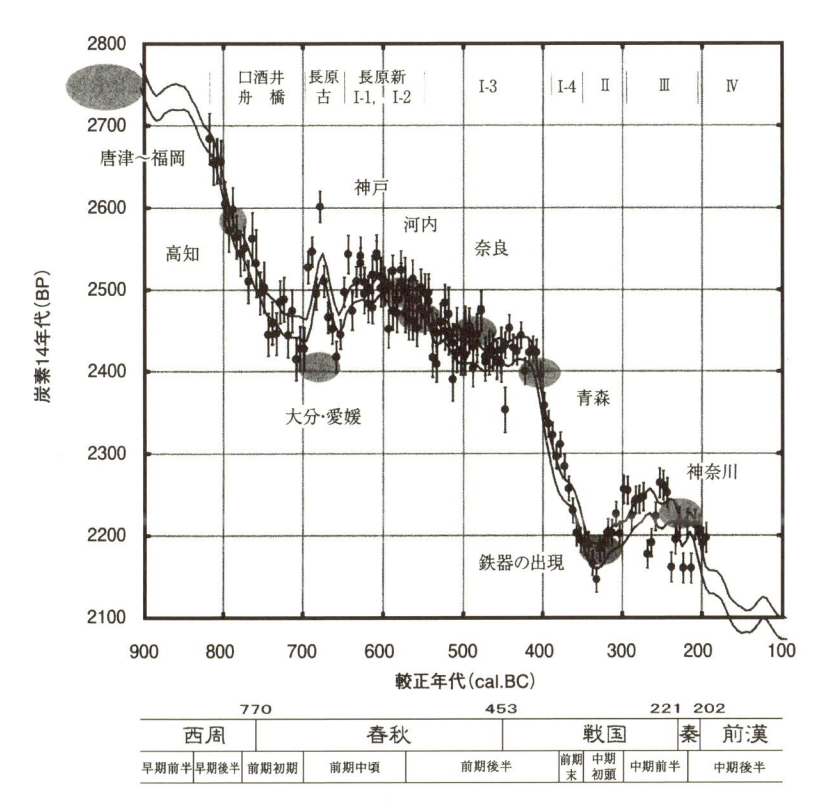

第1節　気候変動と土器型式の関係性　155

図37　較正曲線と日本列島における水田稲作の拡散図（今村・藤尾 2009）

始まった気温の上昇期に九州島内から出て、西部瀬戸内でも始まったことになる」（今村・藤尾 2009：56頁）としている（図37）。

　また、紀元前9世紀の寒冷化を黒川式段階に形成される砂丘上のクロスナと結びつける甲元眞之氏に対しては、「なぜ紀元前9世紀の寒冷化と黒川式とが結びつくのかの説明が必ずしも十分ではない」（藤尾 2009a：10頁）と批判している。

3. 気候変動と歴史事象に関する諸説の検討

（1）気候変動に関する諸説の検討

　甲元眞之氏はアメリカの年輪年代の研究成果から紀元前1千年紀とその前後の時代で日本列島が寒冷化する時期を1450年前後、1200年前後、750年前後、350年前後、紀元後150年前後と認識している（甲元 2008）。一方、今村峯雄氏は炭素14生成率から紀元前1500年から紀元前後までで日本列島が寒冷化する時期を紀元前1400～1350年、紀元前1250年、紀元前900年、紀元前850～700年、紀元前670年頃、紀元前400年頃と推測している（今村・藤尾 2009）。両者の間で大きく異なる点は、今村氏が紀元前900年と紀元前670年頃に寒冷化する時期を推定しているのに対し、甲元氏はそれらを想定していない点である。また、宮本一夫氏は年縞堆積物の分析や遺跡にのこる風成砂層形成期、年輪にみとめられる寒冷期を総合して、寒冷化する時期を紀元前1600年頃と紀元前1000年頃に想定しているが（宮本 2009）、寒冷化する時期が少ないうえに甲元氏や今村氏が提示した寒冷化の年代とうまく合致していない。[2]

（2）歴史事象に関する諸説の検討

　甲元眞之氏は気候変動による寒冷化の年代と砂丘の形成時期の対比から縄文時代晩期と弥生時代早期の境を紀元前8世紀末、弥生時代前期末と中期初頭の境界を紀元前4世紀中葉、弥生時代後期後半と後期終末期の境界を紀元後2世紀末葉に比定している（甲元 2008）。

　宮本一夫氏は紀元前800年頃の寒冷化にともない朝鮮半島南部から人びとが北部九州に渡来して水稲農耕がはじまったとし、弥生時代の開始年代が紀元前800年頃になると考えている（宮本 2009）。

　今村峯雄氏は日本列島における水田稲作の開始は紀元前900年頃の可能性が高いとし、紀元前820年頃に本格化した寒冷化とともに大陸から人びとが移住

した可能性を推測している。さらに、紀元前600年半ばから紀元前400年頃までの約250年間の温暖期に弥生文化が東へ波及することを指摘している（今村・藤尾 2009）。

藤尾慎一郎氏は弥生時代の開始年代は紀元前10世紀後半とする自説を再確認し、水田稲作の北部九州への伝播をこの時期の寒冷化にともなう現象としている。そして紀元前700年の直前からはじまる温暖期に水田稲作が西部瀬戸内にひろがったことを指摘している（今村・藤尾 2009）。

弥生時代の開始年代については二つの説に大きくわけることができ、一つは紀元前10世紀後半とする藤尾慎一郎氏と紀元前900年頃とする今村峯雄氏で、もう一つは紀元前800年頃と考える宮本一夫氏、紀元前8世紀末とする甲元眞之氏である。筆者は北部九州における縄文時代の終焉年代が紀元前900年頃になると考えており（山本 2007ab）、その裏がえしとして弥生時代の開始年代も紀元前900年頃になると推察しているので、藤尾慎一郎氏と今村峯雄氏の考えを支持することになる。

4. 土器型式と気候変動の関係性

気候変動に関しては、炭素14暦年較正曲線（IntCal04）から炭素14生成率を計算して気候変動を勘案している今村峯雄氏のデータを使用する。それによれば、紀元前1500年から紀元前後までで日本列島が寒冷化する時期が6回あり、それらは紀元前1400～1350年、紀元前1250年、紀元前900年、紀元前850～700年、紀元前670年頃、紀元前400年頃である（今村・藤尾 2009）。これは地球規模での寒冷化であり、そのまま北陸地方にあてはめることはできないかもしれないが、代替するものがないのでこれを利用する。また、炭素14生成率の算出にあたっては炭素14暦年較正曲線（IntCal04）がつかわれているので、今村氏がもちいている「紀元前」は「cal BC」と同義とすることができる。

序章第3節で言及したように、縄文時代後期中葉から弥生時代前期土器型式

の較正年代については現状では以下のように考えている。

縄文後期　馬替式：約 1900～約 1700 cal BC
　　　　　酒見式：約 1700～約 1500 cal BC
　　　　　井口Ⅱ式（古）：約 1500～約 1450 cal BC
　　　　　井口Ⅱ式（新）：約 1450～約 1400 cal BC
　　　　　八日市新保 1 式：約 1400～約 1350 cal BC
　　　　　八日市新保 2 式：約 1350～約 1300 cal BC
縄文晩期　御経塚 1 式：約 1300～約 1240 cal BC
　　　　　御経塚 2 式：約 1240～約 1170 cal BC
　　　　　御経塚 3 式：約 1170～約 1100 cal BC
　　　　　中屋 1 式：約 1100～約 1040 cal BC
　　　　　中屋 2 式：約 1040～約 970 cal BC
　　　　　中屋 3 式：約 970～約 900 cal BC
　　　　　下野 1 式：約 900～約 850 cal BC
　　　　　下野 2 式：約 850～約 800 cal BC
　　　　　長竹 1 式：約 800～約 650 cal BC
　　　　　長竹 2 式：約 650～約 500 cal BC
弥生前期　柴山出村式：約 500～約 400 cal BC

　以上のことをもとに寒冷化した時期の年代と土器型式の較正年代を比較してみると、紀元前 1400～1350 年の寒冷化に八日市新保 1 式（約 1400～約 1350 cal BC）の期間があてはまり、紀元前 1250 年の寒冷化と御経塚 1 式・御経塚 2 式の境界年代（約 1240 cal BC）がほぼ一致する。紀元前 900 年の寒冷化と中屋式・下野式の境界年代（900 cal BC）が一致し、紀元前 850～700 年および紀元前 670 年頃の寒冷化していた時期は下野 2 式から長竹 1 式までの期間（約 850～約 650 cal BC）とほぼ一致する。紀元前 400 年頃の寒冷化と弥生時代前期末（柴山出村式）・中期初頭の境界年代（約 400 cal BC）がほぼ一致している。

5. 今後の課題

　前述のように、近年、縄文時代晩期から弥生時代前期にかけての考古学的事実を気候変動と関連づけて解釈しようとする研究がふえてきている。本節もそうした研究の潮流にのり、気候変動のうちの寒冷化と土器型式の変化の関係性について論じたものである。

　本節の考察にあたっては、今村峯雄氏が炭素14生成率からみちびきだした寒冷化とその年代を前提に論をすすめてきたが、これは他の研究者によって検証されたものでなく、この気候変動が本当に正確なものか否かを検証していくことが今後の課題であると考えている。今村氏は炭素14暦年較正曲線（IntCal04）をもちいて炭素14生成率を計算しているので、他の研究者がIntCal04をもちいて計算すれば同じ生成率になることも予想されるが、当該時期の詳細な気候変動を解明することは重要かつ緊急の課題である。

　さらには、今回は北陸地方の縄文時代後期後葉から弥生時代前期について考究したが、おなじ方法で他地域のほかの時期も考察することが可能である。現在、一般的につかわれている較正曲線 IntCal04 は 12,400 年前まで樹木の年輪試料を基礎にしているので（今村 2006）、縄文時代早期ぐらいまでは本節とおなじ方法で検討することが可能である。そのためには、縄文時代早期から後期中葉にあたる時期の炭素14生成率変動曲線を作成し、気候変動をあきらかにする研究が必要となってくる。

第2節　遺跡の動態からみた地域社会の変遷

　本節では土器型式ごとに遺跡の動態をたどり、手取川扇状地における地域社会の成立から終焉にいたるまで変遷過程をみていくことにする。

1. 地域社会の成立期

（1）気屋式期：約2300〜約1900 cal BC

北塚遺跡（表2・図1の遺跡番号8、以下同様）と押野大塚遺跡（47）の2遺跡のみである。北塚遺跡は沖積低地に立地しており、厳密な意味では手取川扇状地上の遺跡ではないが、十人川水系の遺跡としても把握することができるので本節でとりあげている。気屋式でも後半期にあたる気屋Ⅱ式期の押野大塚遺跡（吉田 2003a）は手取川扇状地の北東端部と伏見川の古川流域に位置しており（高堀 1974）、それを手取川扇状地の北東端部に立地する遺跡と考えた場合、扇状地が生活地としての適正を偵察している段階としてとらえることができる。また、押野大塚遺跡（47）を北塚遺跡（8）と同様に伏見川の古川流域に位置する遺跡として認識した場合は、縄文時代の人びとは扇状地にまだ進出していなかったと考えることができる。いずれにせよ、この土器型式の期間が400年間であることを考えあわせると、扇状地はほとんど利用されなかったといえる。

（2）馬替式期：約1900〜約1700 cal BC

6遺跡が確認されており、この時期のやや大きな集落跡は御経塚シンデン遺跡（14）と馬替遺跡（42）である。両遺跡が同時に存在していたものか、短期間ずつ交互に居住されていたのか断定はできない。御経塚オッソ遺跡（13）や押野タチナカ遺跡（46）では、遺物の出土状況から1〜2軒程度の竪穴住居が存在していたことが推定される。この時期には小規模な集落がいとなまれ、御経塚シンデン遺跡や馬替遺跡を中心とした生活共同体が誕生したと考えている。縄文土器からは関東地方と関連が深いことがうかがわれる。

（3）酒見式期：約1700〜約1500 cal BC

9遺跡が確認されており、この時期の大きな集落跡は御経塚遺跡（6）と米泉遺跡（48）である。遺跡の距離から判断して、馬替式期の御経塚シンデン遺跡（14）から御経塚遺跡（6）へ集落が移動し、馬替遺跡（42）から米泉遺跡（48）へ集落が移動したものであろう。この時期から定住性の強い集落がつくられ、生活共同体としての本格的な地域社会が成立したと考えている。縄文土器は関東地方や関西地方のものと類似しており、両地方ともに交流があったことがうかがわれる。

2. 地域社会の安定期

（1）井口Ⅱ式期：約1500〜約1400 cal BC

関西地方を中心に西日本に広がる縄文土器と類似した特徴をもっており、前半と後半にわけることができる。7遺跡確認されており、前半期の大きな集落は御経塚遺跡（6）で、後半期の大きな遺跡は御経塚遺跡（6）と旭遺跡群一塚地区（29）である。御経塚遺跡からは大量の井口Ⅱ式土器が出土しており、長期間にわたる定住生活をうかがうことができる。この時期の竪穴建物の中央には河原石でつくられた石囲炉があり、その片隅に土器が埋設されている。石囲い部分が薪をもやす場所で、埋設土器は熱い灰をさますための設備である。こうした灰をトチノキやドングリ類のアク抜きにつかったと推測している。

（2）八日市新保式期：約1400〜約1300 cal BC

12遺跡確認されており、この時期から遺跡数が10をこえるようになる。大きな集落跡は新保本町チカモリ遺跡（7）と御経塚遺跡（6）、旭遺跡群一塚地区（29）である。この時期の土器は、井口Ⅱ式のながれをくみながらも北陸地方の独自性のある縄文土器がみられるようになる。竪穴建物が確認されなく

なることや他遺跡の検出例から、この時期から晩期にかけて住居は地面にそのまま柱を立てる平地式の掘立柱建物にかわっていったことが推測できる。

(3) 御経塚式期：約1300～約1100 cal BC

　13遺跡確認されており、この時期の大きな集落跡は御経塚遺跡（6）と中屋サワ遺跡（21）である。遺跡の継続期間や規模、出土した土器や石器の数量などから判断すると、御経塚遺跡（6）が手取川扇状地の拠点集落であったと推察している。

(4) 中屋式期：約1100～約900 cal BC

　16遺跡確認されており、この中屋式期は前半期（1式）と後半期（2式・3式）にわけることができる。前半期の大きな集落は御経塚遺跡（6）・中屋サワ遺跡（21）・中屋遺跡（22）・新保本町チカモリ遺跡（7）・米泉遺跡（48）・岩内遺跡ハチマンダ地区（4）の6遺跡で、後半期では岩内遺跡を除く5遺跡をあげることができる。この中屋式後半期から建物は掘立柱建物ばかりになる。また、後半期から長竹式期にかけて環状木柱列が建造されるようになり、そこでとりおこなわれる祭祀や儀礼により地域社会の紐帯が強められ、他地域との交流も深められたと推測している。この時期の縄文土器は東北地方の影響を強くうけている。

3. 地域社会の終焉期

(1) 下野式期：約900～約800 cal BC

　18遺跡確認されており、大きな集落跡としては御経塚遺跡（6）がある。この時期を境に縄文土器の様相が大きくかわり、東北地方の影響は弱まり、中部地方との関連性が強くなる。また、この時期に韓半島から北部九州に水田稲作農耕が伝播したが、北陸地方には水田稲作はまだ伝播していなかった。しか

しながら、縄文土器の様相が大きくかわることから、その影響で従来の列島規模の交流網がくずれ、新しい交流網が構築されていったと推測している。

（2）長竹式期：約 800〜約 500 cal BC

　17 遺跡確認されており、大きな集落跡としては御経塚遺跡（6）と長竹遺跡（34）がある。前半の長竹1式期は寒冷化していた時期、後半の長竹2式期はそれから回復して気温が安定していた時期ととらえることができる。

　下野2式から長竹1式へ移行する時期に環状木柱列が大型化している。また、この移行期は紀元前 850〜700 年の寒冷化にあたっており、長期に寒冷化した自然環境への畏怖心から環状木柱列を大型化し、共同作業で建造することによって地域社会の紐帯を強めたものと推測している。

　寒冷化が終了して温暖になった長竹2式期は、九州北部ではじまった水田稲作農耕が西日本に波及した時期であり、九州北部で誕生した遠賀川式土器の系譜をひく壺形土器が手取川扇状地でも粟田遺跡や乾遺跡で出土している。また、御経塚遺跡と野々市市三日市Ａ遺跡からは稲籾の圧痕のついた縄文土器が1点ずつ発見されており、この時期に手取川扇状地でも稲作がおこなわれていた可能性が高くなってきている。しかし、畠稲作か水田稲作かという問題は今後に残された課題であり、遠賀川系壺形土器にいれられたイネの籾だけが他地域からもちこまれた可能性もまだ残されている。

（3）柴山出村式期：約 500〜約 400 cal BC

　柴山出村式は北陸地方の弥生時代前期末の土器型式とされている。11 遺跡確認されており、この時期をもって扇状地の遺跡は断絶してしまい、弥生時代中期になると沖積低地に進出した集落跡が増加するようになる。

第3節　後晩期の社会形態と地域社会の位置づけ

1. 後晩期の社会形態に関する諸説

　本節では、これまでに提示されている後晩期の社会形態に関する諸説を確認し、手取川扇状地の地域社会がそれらに該当するか否かを検証していきたい。

（1）年齢階梯制社会

　渡辺誠氏は、縄文時代「後・晩期にかけて対外的には集落のテリトリー（なわばり）の確立をみ、集落内では共同体の規制が強化され、抜歯風習の盛んな流行もみたのであるが、そこには当然この規制の維持を保証する特殊な身分の発達が推定されるのである。五から六パーセントの率でみられる叉状研歯をともなう抜歯人骨などは、こうした身分の人と思われる」（渡辺　1973b：146頁）とし、特殊な身分の「長老ないしはシャーマン（呪術師）的な人物によって統率されていた後・晩期の社会は、ことによるとすでに年齢階梯制社会を形成していたのかもしれない」（146頁）とのべている。

（2）階層化社会

　渡辺仁氏は、縄文社会は階層化社会であったと考えている（渡辺　1990）。
　縄文社会を検証するためのモデルとして、最初に北太平洋沿岸狩猟採集民の社会に関する三角形構造モデルを提示している。これは生業分化、階層化、技術・工芸の高度化、威信経済の四つの要素を正三角形の三つの頂点と中心に配したもので、威信経済を正三角形の中心におき、その上部に階層化を、左下に生業分化を、右下に技術・工芸の高度化を配している。すなわち、「男の生業

第 3 節　後晩期の社会形態と地域社会の位置づけ　165

の分化によって、狩猟者（正規の狩猟伝承継承者）と非狩猟者（無資格者）の区別が生じ、狩猟が富と威信の源泉となったことによって狩猟者系家族と非狩猟者系家族の間に貴賤差（上下階層差）と富の分化（貧富差）を生じた」（渡辺 1990：70 頁）とし、富の分化（技術・工芸の高度化）がおこる要因を生業分化で説明し、富の分化と階層化を生業分化でむすびつけている。さらに、三つの要素を威信経済で統合させている。また、この構造が水産経済依存型定住生活に立脚し、それが基本的生態的条件であることを明記している。

　つぎに、生業分化、奢侈工芸の特殊化と高度化、儀礼の高度化、土器の社会的機能などの側面から縄文社会を検証している。生業分化では狩猟の特殊化としてクマ猟とカジキ漁をとりあげ、奢侈工芸の特殊化と高度化では製材と建設の事例の一つとして環状木柱列をとりあげている。検証の結果、「縄文社会は階層化社会と認めざるを得ない」（154 頁）という結論をくだしている。

（3）父系にやや偏ったアンビ系社会

　佐々木高明氏は小山修三氏の意見を参考にし、縄文時代前期～晩期の「成熟期以後に時代を限っても、時期や地域によって縄文社会の特色はかなり異なっていたと思われる。私は前述のように、後・晩期の西日本には双系的な社会の特色がみられたと考えているが、おそらく、そのころの東日本では、父系にやや偏ったアンビ系の社会がひろがっていた」（佐々木 1991：182～183 頁）としている。

（4）首長制社会

　谷口康浩氏は、東日本の縄文時代「後期中葉～後葉はむしろ部族社会内部の変質が顕わとなる時期であり、不平等化の拡大や分業化、儀礼・祭祀の特殊化により首長制社会への移行プロセスが開始したものと予測」（谷口 2005：122 頁）している。また、「東日本の後期以降に顕在化してくる考古学的変化の中には、首長制社会を特徴付ける階層化や特殊化の要素が少なくない」（263～264 頁）とし、これらが首長制社会の胎動を示唆すると考えている。

166　第5章　後晩期の社会と地域社会

（5）部族社会

　田中良之氏は、縄文時代「後期以降は同じ祖先と系譜をもつ氏族に分割され、それが部族へと統合されて地域社会を形成していた可能性が高い。そうすると、地域社会すなわち部族は複数の氏族が構成し、集落は氏族の分節である出自集団が複数で構成することになり、その統合は祭祀などで行ったことが想起される。祭祀・儀礼（中略）を主催する部族・氏族の族長や呪術者・長老などのリーダーたちの存在も予想されるのである」（田中 2008：171・173頁）としている。

　そして、春成秀爾氏が2C系と4I系に大別した抜歯型式が、社会が二つの外婚集団にわかれた場合の一方の外婚単位である半族の表示であると考え（田中 1998・2008）、「縄文後期から西日本〜九州に東日本から文化要素が波状的に伝播し、後期中葉には広域土器分布圏が形成され（中略）、その現象は晩期いっぱいまで継続する。その背後には人口移動も含まれると考えられ、縄文社会は氏族を半族へと編成することによって、そのような流動的かつ広域の社会状況へと対処した」（田中 2008：179頁）と考えている。

2. 後晩期社会での地域社会の位置づけ

（1）年齢階梯制社会

　渡辺誠氏が指摘する年齢階梯制社会については、否定する要素は今のところみあたらない。もっとも、肯定する資料も御経塚遺跡から出土した抜歯人骨1点のみで（新美 2003）、上顎犬歯が抜歯されていることから成年式の通過儀礼で施術されたと考えられる。

（2）階層化社会

　結論としては、渡辺仁氏が提唱する縄文式階層化社会説は手取川扇状地の地

域社会ではあてはまらないと考えている。

　最初に生業に関しては、三角形構造モデルは水産経済依存型定住生活に立脚し、それが基本的生態的条件であることをのべている。しかし、手取川扇状地の地域社会は植物食を主要食料とした定住社会であり、水産経済依存型定住生活ではないので、渡辺仁氏がいう基本的生態的条件とは一致しない。それゆえ、地域社会の人びとがクマ猟やカジキ漁に従事したとは考えにくく、クマやカジキの骨も出土していないので狩猟の特殊化や生業分化はおこっていなかったと考えている。

　つぎに環状木柱列に関しては、これほどの高度大型技術が真脇遺跡とチカモリ遺跡の「2遺跡で代表されるような小地域の発明でしかもその地に限られた伝統であるとは考えられない。（中略）単なる若干の個人や若干の地域社会の範囲で生みだし伝統として維持できるような単純小型の文化要素ではないからである」（渡辺 1990：107頁）と評価し、環状木柱列のような大型非実用施設とそれにみられる大型技術をもった縄文人の「社会が狩猟採集民としては特殊な階層化社会であったことを暗示するものといえよう」（渡辺 1990：108頁）と自説を補強する出土例として利用している。

　しかしながら、第3章でも詳述したように、環状木柱列は小地域の発明で、しかもその地に限られた伝統であると考えられる。北陸の地域社会の範囲でうみだされ、集落内や地域社会内で伝統として維持されてきた単純かつ小型の文化要素であることから、渡辺仁氏の評価は的を射ていないと考えている。

　さらに縄文・弥生移行期の農耕については、その社会の「構造的変化の根本要因は農耕化で（中略）その農耕化過程で主役を演じたのが、縄文社会のエリートとしての首長と長老群即ち退役狩猟者群であったことである。地域社会の伝統の管理・運営者としてのこの指導者達が、農耕システムのソフトウエアと交易の実権を握ったことによって、日本における農耕化と農耕社会の発展に主導的役割を果たした」とのべ（渡辺 1990：2～3頁）、「稲作農耕を導入するや驚くべき速さで農耕社会化を遂げ、文明への階段をかけのぼった日本古代社会の歴史の根は、弥生社会どころか更に深く縄文社会に求めなければならない」

と指摘している（渡辺 1990：4頁）。また、「我が国への農耕（水稲農耕）導入に関して主役を演じたのは、晩期縄文社会の富者層即ち狩猟者層にほかならない。特に革新者innovatorsとして主導的役割を果たしたのが、地域社会の指導者層—首長と長老達（退役狩猟者達）とみられる」（渡辺 1990：148・150頁）と評価している。

しかしながら、日本列島では水田稲作農耕が900 cal BC ごろに北部九州に伝播して北陸・東海に伝播するまでに約400～約500年の年数を要しており（山本 2007ab）、おどろくほどの速さで農耕社会化してはいないし、急速に古代化もしてはいない。渡辺仁氏が1990年にしめした考えは現在の研究水準や年代観からみとめがたいものとなっている。[3]

以上のように、渡辺仁氏の根拠による縄文式階層化社会説は成立しないと考えている。

（3）父系にやや偏ったアンビ系社会

肯定する資料も否定する資料もみあたらない。

（4）首長制社会

首長制社会については、手取川扇状地の地域社会にはあてはまらないと考えている。

当地では弥生時代中期から後期前半にかけては集落がほとんどなく、空白期間となっている。ふたたび集落が形成されるのは弥生時代後期後半期～終末期であり、縄文時代後晩期と同様に標高10～14ｍの地下水の自噴地帯に住居の竪穴建物群と倉庫の掘立柱建物群で集落が構成され、首長居館と推測される竪穴建物が確認されるようになる（横山 2006）。また、弥生時代終末期には首長墓も確認されるようになり（吉田 2006b）、手取川扇状地において首長制社会にはいるのは弥生時代後期後半期～終末期と考えることができる。

谷口氏が示唆する諸変化も、部族社会の枠ぐみのなかにおさまるものと判断している。

（5）部族社会

　田中良之氏が指摘する部族社会については、否定する要素は今のところみあたらない。

　御経塚遺跡の第5～7次調査では意図的に焼かれたと考えられる人骨片が出土しており、これらは調査時に竹ベラで丁寧に検出してとりあげたり、土坑の覆土を水洗選別して検出されたものである。最小個体数は下顎骨左側の第二切歯・犬歯部分で判断すると4個体分である（新美 2003）。これらのなかには抜歯がほどこされた人骨片が3点あり、第一は上顎骨の右I1～C部分で、Cが抜歯である。第二は下顎骨の左I1～P1部分・右I12部分－M1～3部分で、I12が抜歯である。第三は下顎骨の左I1～M2部分・右I1～P1部分で、I12が抜歯である。[(4)] 下顎骨の切歯を抜歯した第二と第三は春成秀爾氏の4I系に分類されるもので（春成 2002）、田中良之氏や春成氏の説にしたがえば、これらは半族の表示となり（田中 1998・2008、春成 2013）、手取川扇状地においても半族が形成されていたことになる。

註
（1）根拠となっている福沢仁之氏の論文（福沢 1996）をよんでも、紀元前800年頃とする理由がわかりにくいものとなっている。
（2）4氏のほかにも、松木武彦氏が過去4万年間の列島史を動かした根底の力を気候変動にもとめる考えを提示している。松木氏は4万年前から1500年前までの間に寒冷化していく時期が3回あり、それらにはさまれる形で温暖化していく時期が2回あったとし、縄文時代前期から晩期の7000～6000年前から2800～2700年前までを第2寒冷化期、弥生時代前半の2800～2700年前から紀元前後までを第2温暖化期としている。このような設定のもとで、「縄文時代から弥生時代への移行は、第二寒冷化期に入ってしばらくたった縄文時代後半に東日本を中心として動植物資源が減退し、それに依存して定着する集団的伝統の強い社会から、個人や小集団の才覚で資源を求めて動く機動的な社会へと移り変わったことが出発点となった。このような社会のもとで、西日本の多くの集団が農耕への傾斜を強め、朝鮮半島から渡ってきた水稲農耕の文化を取り入れた」（松木 2007：346～347頁）と考えている。
　　上記のように、松木武彦氏は7000～6000年前から2800～2700年前までを寒冷化期、2800～2700年前から紀元前後までを温暖化期と考えているが（松木 2007）、甲元眞

之氏や今村峯雄氏の資料から判断すると松木氏の考えは首肯しがたいものとなっている。

また、縄文時代後半期に「西日本の多くの集団が農耕への傾斜を強め」た（松木 2007：347 頁）としている。しかしながら、近年、中沢道彦氏が縄文時代の栽培種植物とされた植物遺体や種子圧痕資料の再検討をおこない（中沢 2009）、イネ、オオムギ、アワ、キビでは晩期後半突帯文土器期をさかのぼる確実な資料がないことをあきらかにしている。そして「平成年間で『検証された』はずの『縄文時代における栽培種植物』の存在は、まだきわめて不確実なのである」（中沢 2009：242 頁）とむすんでいる。こうした状況のもとで、松木氏がいうように縄文時代後半期に「西日本の多くの集団が農耕への傾斜を強め」た（松木 2007：347 頁）のか否か、議論のわかれるところであり、研究の進展をみまもる必要がある。

（3）この点については拙著ですでにのべている（山本 2007ab）。

水田稲作がひろがる年数について、佐原眞氏と金関恕氏は、弥生前期土器である遠賀川式土器が太平洋側では愛知県西部、日本海側では丹後まで分布することから、弥生文化は愛知県西部（尾張）まで急速にひろまり、弥生「前期文化の伝播に要した期間が、長くとも半世紀程度」であったとのべている（佐原・金関 1975：38 頁）。近年でも、寺沢薫氏は「遅くとも前五世紀には九州の玄界灘沿岸地域に定着した水田稲作は、約百年のうちには西日本のおもだった平野部に広がり、その後百数十年で本州の最北端にまで到達した、というのが大方の見解」であるとしている（寺沢 2000：26 頁）。

こうした年代観のもとで、日本列島においては水稲農耕という食糧生産の開始から古代国家の形成に要する年数がひじょうに短く、農耕社会の成立から古代国家が形成されるまでの「古代化」の速さが世界をみわたしても類をみないことを、佐原眞氏は強調している（佐原 1987）。しかしながら、前述のように弥生時代の開始年代が前 900 年頃にさかのぼることが確実になってきており、古墳時代のはじまりまで 1150 年以上、奈良時代まで 1600 年以上かかっていることになる。列島での「古代化」の速さは佐原眞氏が強調するほどのものではないことになり、対比されている諸外国の例とかわらないことになる。

また、都出比呂志氏は日本の初期農耕社会の特質として、①耕地開発と階級社会の形成の急速さ、②小経営と家族の存在形態、③環濠集落と首長の居館と古代都市の3点を指摘している（都出 1989：490～493 頁）。しかし、これらのうちの①耕地開発と階級社会の形成の急速さという特質は、同上の理由によって成立しなくなる。

（4）石川県教育委員会と調査団が実施した御経塚遺跡の第4調査では、抜歯が表現された土偶が出土している（橋本・高橋 1973、高堀ほか 1983：210・213 頁）。この抜歯土偶では上顎の犬歯が強調されており、これは抜歯後に「動物の牙をはめてその肉をかじり、守護神としての動物の霊力を受け継ぐセレモニーのあったことを示唆」すると推測されている（渡辺・梅原 1989：128 頁、渡辺 1996：70 頁）。

終　章
手取川扇状地における縄文時代後晩期の地域社会

第1節　結論

1. 地域社会の生業形態

　筆者は、手取川扇状地における後晩期の生業形態が植物採集活動と漁労、狩猟に作物栽培を一部くわえた形態であったと推測している。
　栽培植物としてはアサ、エゴマ、シソが出土し、野生のヤブツルアズキとほぼ同じ大きさのマメ類も検出され、イネの籾圧痕も確認されている。しかしながら、アサ、エゴマ、シソといった栽培植物は主要食料となるものではないし、イネやマメ類もごくごく微量である。このように作物栽培の確証はえられているものの、それが生業活動のなかでしめる比重はそれほど高くなく、経済基盤全体のなかでしめる割合もけっして大きくはなかったと考えている。食料自給という面からみると、作物栽培は植物採集活動、漁労、狩猟のごく一部をおぎなう程度のものであったと推測している。
　このことは間接的な状況証拠からもうかがうことができる。後晩期の遺跡からは石棒、独鈷石、御物石器などの祭祀や儀礼に関連する石製品が多数出土しており、これらの製作にあたっては敲打技術が使用されている。こうした敲打技術はトチノキやドングリ類などの堅果類やクズやワラビなどの根茎類を加工するときにも使用される。石製品の製作にあたって堅果類や根茎類といった野生植物を食料化するための敲打技術が多用されていることから、後晩期も基本的には採集経済段階で、その枠ぐみからでるものではないと考えている。
　また、手取川扇状地は弥生時代中期から後期前半まで遺跡の空白地帯となっている。縄文時代後晩期から作物栽培を中核とした生業活動であったとすれば、弥生時代中期以降から後期前半にいたるまでそれが連続し、集落も継続したこ

2. 地域社会の社会形態

(1) 部族の一部としての地域社会

　筆者は地域社会を大小の二つにわけ、地形的にまとまりのある地理的範囲内の遺跡群を小地域社会、小地域社会群を大地域社会の部族としている。これにしたがえば、手取川扇状地における縄文時代後晩期の地域社会は小地域社会となり、部族の一部としてとらえることができる。

　北陸地方における縄文時代後晩期の遺跡の分布状況と土器型式群の地域的ひろがりをもとに上記のことを検討すると、石川・富山両県およびその周辺地域に居住する氏族が統合されて、その範囲を領域とする部族が形成されていたと現時点では考えている。遺跡の継続性や規模から、手取川扇状地の遺跡群は部族のなかでも中核的な役割をはたしていたと推測している。

(2) 集落立地の共通性と集落の領域

　扇状地扇端部の標高10m前後の地下水自噴地にある集落跡は、中規模の二つの河川にはさまれ、その間をながれる小規模の河川流域に集落が立地するという共通点がみられる。各集落跡の領域は二つの中規模河川にはさまれた幅500m～1km、扇端部前面の沖積低地から標高35m前後の扇央部まで長さ6～7kmにおよんでいたと推測している。

　具体的には、御経塚遺跡は西側をながれる安原川と東側をながれる十人川にはさまれ、新保本町チカモリ遺跡は西側の十人川と東側の木呂川にはさまれており、十人川が両遺跡の境界になっていたと考える。また、木呂川が新保本町チカモリ遺跡と米泉遺跡の境界になっていたと考えている。中屋遺跡は西側の中屋川と東側の安原川にはさまれ、中屋サワ遺跡は西側の福増川と東側の中屋川にはさまれているので、両遺跡の境界は中屋川であったと推測している。さ

らには、安原川が御経塚遺跡と中屋遺跡の集落の境になっていたものと推測している。

3. 地域社会の変遷過程

手取川扇状地の遺跡は縄文時代後期中葉の馬替式から弥生時代前期末の柴山出村式まで継続し、先行する後期中葉気屋式とは断絶があり、後続する弥生時代中期とも断絶があることから、馬替式から柴山出村式までを地域社会の成立から終焉までの一つの継続期間として把握することができる。

（1）地域社会の成立過程

後期中葉の馬替式期（約1900〜約1700 cal BC）のやや大きな集落跡は野々市市御経塚シンデン遺跡と金沢市馬替遺跡で、両遺跡が同時に存在していたものか、短期間ずつ交互に居住されていたのか断定はできない。また、この馬替式期に手取川扇状地が居住できる環境になって進出したものか、以前から居住環境がととのっていたものの馬替式期になってようやく進出したのか、という点については判断がつかない。この時期には小規模な集落がいとなまれ、御経塚シンデン遺跡や馬替遺跡を中心とした地域社会が成立しつつあった段階と認識している。

つぎの酒見式期（約1700〜約1500 cal BC）になると、土器型式の連続性と遺跡の距離から御経塚シンデン遺跡から御経塚遺跡へ集落が移動し、馬替遺跡から米泉遺跡へ集落が移動したと推測している。この時期に生活共同体としての地域社会が成立したと考えている。そして御経塚遺跡は弥生時代前期末の柴山出村式まで継続し、遺跡の存続期間や空間的ひろがり、遺物の出土量から判断して手取川扇状地で拠点集落であったと推測している。手取川扇状地のなかでは御経塚遺跡の立地条件がもっともよく、経済基盤も安定していたことが長期に継続した遺跡となった要因であると推察している。

（2）集落間の優劣関係

　拠点集落である御経塚遺跡の人口が増加していき、そこで維持できる人口の限界をこえたときに、出村としてつくられたが当地域の準拠点集落ともいえる新保本町チカモリ遺跡であると考えている。さらに人口が増加したときにつくられた出村が、中屋サワ遺跡や米泉遺跡といった他の集落遺跡であったと推測している。出村の遺跡の人口が減少した時には御経塚遺跡や新保本町チカモリ遺跡に吸収合併されたものと推定している。このような過程を通じて集落間に優劣関係が生じたと考えている。しかしながら、顕在化した優劣関係はそのまま階層化にむかうものではなく、時期によっては出村が御経塚遺跡や新保本町チカモリ遺跡よりも経済的に優位にたつこともあったと推測している。

（3）地域社会の終焉過程

　沖積低地の金沢平野では弥生時代中後期に集落が形成され、古墳時代から古代にいたるまで継続して集落が形成されている。それに対して手取川扇状地では弥生時代前期末の柴山出村式で終焉をむかえ、弥生時代中期〜後期前半は集落が形成されない空白期間で、弥生時代後期後半〜古墳時代初頭から集落が爆発的に増加し、その後ふたたび居住の空白期間となる。扇端部の標高10ｍ前後の地下水自噴地帯では、河川跡の低湿地を利用したきわめて小規模な水田稲作はおこなわれていたかもしれないが、大規模な水田を造成、維持するには当時の技術力では適していなかったと推測している。水田稲作農耕に不適な土地であったことが終焉をむかえる自然環境的要因であると考えている。

　手取川扇状地の後晩期社会は部族社会および年齢階梯制社会であったと推定しているが、水稲農耕文化という新しい技術体系と新しい生活システムの受容をめぐっては、従来の価値観を守旧しようとする長老や呪術者などの集団と新しい価値観をうけいれようとする若者の集団の間で意見のくいちがいがあったことが考えられる。水田稲作に基盤をおいた生活システムという新しいもの、従来とは異なる価値体系の受容にあたっては、うけいれる側の精神的な柔軟性

や年齢的なものが大きく、地域社会の指導者層の守旧派が拒絶したものと推測している。水稲農耕文化を受容派と拒絶派の部族社会内部における対立が、終焉をむかえる社会環境的要因であると考えている。

第2節　今後の課題と展望

　今後にのこされた課題を3点指摘し、解決にむけた展望をしめしておきたい。
　第一に、土器型式の較正年代をより一層正確かつ精緻にすることである。本書で提示した較正年代は十分なものとはいえないので、土器型式の明確な縄文土器に付着した炭化物を試料にAMS炭素14年代測定をおこない、較正年代を増加させることが大切であると考えている。
　第二に、手取川扇状地における縄文時代後晩期の地域社会が部族の一部であるならば、その部族の地理的範囲を特定することが課題になってくる。北陸における縄文時代後晩期の遺跡の分布状況と土器型式群のひろがりをもとに、石川・富山両県およびその周辺地域に居住する氏族が統合されて、その範囲を領域とする部族が形成されていたと現時点では推測しているものの、根拠が脆弱なので、しっかりとした根拠に立脚して部族の範囲を特定する必要があると考えている。
　第三に、社会統合の機能をもつと考えられている土偶と石棒が本当にその機能を有するのか否かをあきらかにすることと、もしその機能を有するのならば用途を具体的にあきらかにすることである。土偶を社会統合の機能をもつ遺物として理解している研究者もいれば、土偶を死と再生の観念の象徴として認識している研究者もいる。研究者によって機能に関する見解が大きく異なっており、早急に解決をはかる必要のある課題となっている。また、石剣、石刀、石冠、御物石器、独鈷石といった遺物の社会統合機能の有無と具体的用途の解明も喫緊の課題であると考えている。

引 用 文 献

浅香年木
　1978『古代地域史の研究』法政大学出版局。
　1988『百万石の光と影』能登印刷出版部。
浅野豊子・沢田まさ子ほか
　1999『金沢市北塚遺跡・北塚古墳群』（財）石川県埋蔵文化財センター。
荒川隆史
　2009「掘立柱建物と建材」『生活空間―集落と遺跡群―』縄文時代の考古学8、74-84頁、同成社。
石川縣水産試験場
　1912a『石川縣湖潟内彎水面利用調査報告』第1巻（今江、木場潟之部）。
　1912b『石川縣湖潟内彎水面利用調査報告』第2巻（邑知潟之部）。
　1913a『石川縣湖潟内彎水面利用調査報告』第3巻（柴山潟之部）。
　1913b『石川縣湖潟内彎水面利用調査報告』第4巻（河北潟之部）。
今田高俊
　1997『WEDGE』1997年1月号、44-45頁、ウェッジ。
今村峯雄
　2006「AMS炭素年代測定法と暦年較正」『弥生時代の新年代』新弥生時代のはじまり第1巻、40-47頁、雄山閣。
今村峯雄・藤尾慎一郎
　2009「炭素14年の記録から見た自然環境変動―弥生文化成立期―」『弥生文化誕生』弥生時代の考古学2、47-58頁、同成社。
上田亮子・南久和ほか
　1981『金沢市笠舞遺跡』金沢市文化財紀要29、金沢市教育委員会。
大野淳也ほか
　2005『富山県小矢部市桜町遺跡発掘調査報告書』小矢部市埋蔵文化財報告書第55冊、小矢部市教育委員会。
岡本恭一
　2001『松任市乾遺跡』（財）石川県埋蔵文化財センター。
岡本恭一ほか
　1991『粟田遺跡発掘調査報告書』（社）石川県埋蔵文化財保存協会。
小田寛貴・山本直人
　2001「縄文土器のAMS^{14}C年代と較正年代―石川県の縄文前期～晩期を中心に―」『考

　　　　古学と自然科学』第42号、1-13頁、日本文化財科学会。
　　2003「第3節　御経塚遺跡の自然科学的分析（2）土器付着炭化物の放射性炭素年代」
　　　　『野々市町史』資料編1、103-114頁。
樫田誠・望月精司ほか
　　1988『念仏林遺跡』小松市教育委員会。
加藤三千雄
　　1986「晩期の巨大水柱列」『石川県能都町真脇遺跡』23-28頁、能都町教育委員会・
　　　　真脇遺跡調査団。
　　1994「石川県能都町真脇遺跡の巨木遺構」『考古学ジャーナル』377、18-24頁、
　　　　ニュー・サイエンス社。
金沢大学考古学研究会
　　1976『能美丘陵および能登島の野外調査』。
金山哲哉・小嶋芳孝ほか
　　2004『田鶴浜町　三引遺跡Ⅲ（下層編）』石川県教育委員会・（財）石川県埋蔵文化財
　　　　センター。
金子浩昌
　　1989「米泉遺跡で検出された獣・獣骨」『金沢市米泉遺跡』305-311頁、石川県立埋
　　　　蔵文化財センター。
上條信彦・渋谷綾子・山本直人
　　2012「北陸の縄文後・晩期遺跡から出土した石器と土器付着炭化物の残存デンプン粒」
　　　　『日本植生史学会第27回大会講演要旨集』60-61頁、日本植生史学会第27回大
　　　　会実行委員会。
唐川明史・四柳嘉章ほか
　　1977『赤浦遺跡』七尾市教育委員会。
川端敦子
　　1983「底部と圧痕」『野々市町御経塚遺跡』195-209頁、野々市町教育委員会。
菅野智則・山本直人・宮尾亨・岩崎厚志・松井章
　　2008「アメリカ　オレゴン州サンケン・ビレッジ遺跡」『考古学研究』第54巻第4号、
　　　　120-123頁。
北野信彦
　　2003「第3節　御経塚遺跡の自然科学的分析（3）赤彩土器の赤色顔料に関する調査」
　　　　『野々市町史』資料編1、115-122頁。
北野博司
　　1989「末松遺跡」石川県立埋蔵文化財センター。
木村勝彦・荒川隆史
　　2012「縄文時代晩期における環状木柱列の木柱の考古学・年輪年代学的分析」『石川

　　　　考古学研究会々誌』第 55 号、23-30 頁。
工藤雄一郎・小林謙一・山本直人・吉田淳・中村俊夫
　　2008a「石川県御経塚遺跡における縄文時代後晩期の土器付着物の ^{14}C 年代測定」『名古屋大学加速器質量分析計業績報告書（XIX）』79-83 頁、名古屋大学年代測定総合研究センター。
　　2008b「石川県御経塚遺跡から出土した縄文時代後・晩期土器の年代学的研究」『第四紀研究』第 47 巻第 6 号、409-423 頁、日本第四紀学会。
河野広道
　　1935「貝塚人骨の謎とアイヌのイオマンテ」『人類学雑誌』第 50 巻第 4 号、11-20 頁。
甲元眞之
　　2008「気候変動と考古学」『文学部論叢』第 97 号、1-52 頁、熊本大学文学部。
小坂清俊
　　1987『和田山下遺跡』寺井町教育委員会。
小嶋芳孝・岡本恭一ほか
　　1990「粟田遺跡」『社団法人石川県埋蔵文化財保存協会年報』1、51-56 頁。
小林公明ほか
　　1978『會利』富士見町教育委員会。
小林謙一
　　2008「縄文時代の暦年代」『歴史のものさし―縄文時代研究の編年体系―』縄文時代の考古学 2、257-269 頁、同成社。
小林謙一・坂本稔・永島正春・今村峯雄・山本直人
　　2009「金沢市中屋サワ遺跡試料の ^{14}C 年代測定」『石川県金沢市中屋サワ遺跡Ⅳ　下福増遺跡Ⅱ　横江荘遺跡Ⅱ』金沢市文化財紀要 255、160-177 頁、金沢市埋蔵文化財センター。
小林謙一・福海貴子・坂本稔・工藤雄一郎・山本直人
　　2009「北陸地方石川県における縄文晩期から弥生移行期の炭素 14 年代測定研究」『国立歴史民俗博物館研究報告』第 150 集、1-32 頁。
小林正史・鐘ヶ江賢二
　　2004「縄文から弥生への彩色手法の変化」『日本考古学協会第 70 回総会　研究発表要旨』61-64 頁。
小林正史・北野博司・久世建二・小島俊彰
　　2000「北部九州における縄文・弥生土器の野焼き方法の変化」『青丘学術論集』第 17 集、5-140 頁。
佐々木高明
　　1991『日本史誕生』日本の歴史①、集英社。

佐原　眞
　　1987『日本人の誕生』大系日本の歴史1、小学館。
佐原眞・金関恕
　　1975「弥生文化の発展」『稲作の始まり』38-54頁、講談社。
設楽博己
　　2004「東日本と西日本の併行関係」『弥生時代の実年代』138-147頁、学生社。
渋谷綾子
　　2011「石川県中屋サワ遺跡の縄文土器付着炭化物から検出した残存デンプン粒」『日本植生史学会第26回大会講演要旨集』47頁、日本植生史学会第26回大会実行委員会。
新村出（編）
　　1969『広辞苑』第2版、岩波書店。
　　1998『広辞苑』第5版、岩波書店。
鈴木三男
　　1997「金沢市下安原海岸遺跡出土木材の樹種」『金沢市下安原海岸遺跡』63-68頁、石川県立埋蔵文化財センター。
高瀬澄・四柳嘉章・長谷進ほか
　　1972「甲・小寺遺跡」穴水町文化財叢書第5輯、穴水町文化財保護専門委員会。
高田秀樹
　　2012「真脇遺跡の縄文時代晩期の建物跡について」『石川考古学研究会々誌』第55号、15-22頁。
高田秀樹ほか
　　2006『石川県能登町真脇遺跡2006』能登町教育委員会・真脇遺跡調査団。
高堀勝喜
　　1964「金沢市近郊八日市新保並びに御経塚遺跡の調査」『石川県押野村史』615-670頁。
　　1965「北陸」『縄文時代』日本の考古学Ⅱ、133-151頁、河出書房新社。
　　1974「遺跡の概観」『金沢市古府遺跡』金沢市文化財紀要4、1-5頁、金沢市教育委員会・金沢市埋蔵文化財調査委員会。
　　1983「立地と周辺の遺跡」『野々市町御経塚遺跡』12-14頁、野々市町教育委員会。
　　1986「北陸の縄文土器編年」『石川県能都町真脇遺跡』194-213頁、能都町教育委員会・真脇遺跡発掘調査団。
高堀勝喜・安村律義
　　1953「石川郡安原村下福増遺跡調査予報」『石川考古学研究会々誌』第5号、34-37頁。

高堀勝喜ほか
　1983『野々市町御経塚遺跡』野々市町教育委員会。
田中良之
　1998「出自表示論批判」『日本考古学』第5号、1-18頁、日本考古学協会。
　2008『骨が語る古代の家族』歴史文化ライブラリー252、吉川弘文館。
谷口宗治・谷口明伸・向井裕知ほか
　2010『石川県金沢市　中屋サワ遺跡Ⅴ』金沢市文化財紀要262、金沢市埋蔵文化財センター。
谷口宗治・前田雪恵・向井裕知ほか
　2009『石川県金沢市　中屋サワ遺跡Ⅳ　下福増遺跡Ⅱ　横江荘遺跡Ⅱ』金沢市文化財紀要255、金沢市埋蔵文化財センター。
谷口宗治・山本直人・広岡公夫ほか
　1998『金沢市北塚遺跡』金沢市文化財紀要139、金沢市埋蔵文化財センター。
谷口康浩
　2001「環状集落の空間構成」『縄文時代集落研究の現段階』61-71頁、縄文時代文化研究会。
　2002「縄文時代の領域」『季刊考古学』第80号、29-33頁、雄山閣。
　2004「領域」『現代考古学事典』427-434頁、同成社。
　2005『環状集落と縄文社会構造』学生社。
谷本忠芳・Melissa DARBY
　1996「北アメリカ原産のクワイ（Sagittaria latifolia L.）の形態」『農業および園芸』第71巻第11号、79-82頁、養賢堂。
都出比呂志
　1989『日本農耕社会の成立過程』岩波書店。
坪井清足
　1962「縄文文化論」『岩波講座　日本歴史』1、109-138頁、岩波書店。
出越茂和
　1981『金沢市中屋遺跡』金沢市文化財紀要28、金沢市教育委員会。
寺沢　薫
　2000「稲作伝来」『王権誕生』日本の歴史02、21-66頁、講談社。
中沢道彦
　2009「縄文農耕論をめぐって―栽培種植物種子の検証を中心に―」『食糧の獲得と生産』弥生時代の考古学5、228-246頁、同成社。
長沢宏昌
　1998「縄文時代遺跡出土の球根類とそのオコゲ」『列島の考古学』427-445頁、渡辺誠先生還暦記念論集刊行会。

中島俊一
　　1977『松任市長竹遺跡発掘調査報告』石川県教育委員会。
中村俊夫
　　1999「放射性炭素法」『考古学のための年代測定学入門』1-36頁、古今書院。
那須浩郎・佐々木由香
　　2009「中屋サワ遺跡の縄文時代晩期の川跡から出土した大型植物遺体」『石川県金沢市　中屋サワ遺跡Ⅳ　下福増遺跡Ⅱ　横江荘遺跡Ⅱ』金沢市文化財紀要255、198-202頁、金沢市埋蔵文化財センター。
新美倫子
　　2003「第3節　御経塚遺跡の自然科学的分析（1）焼骨資料」『野々市町史』資料編1、97-102頁。
西田泰民
　　2006「煮炊きして出来た炭化物の同位体分析」『新潟県立歴史博物館研究紀要』第7号、25-50頁。
西野秀和
　　1978『莇生遺跡』辰口町教育委員会。
　　1989「環状木柱列」『金沢市米泉遺跡』53-55頁、石川県立埋蔵文化財センター。
　　1990『松任市北安田北遺跡Ⅲ』石川県立埋蔵文化財センター。
　　1994「金沢市米泉遺跡の環状木柱列」『考古学ジャーナル』377、31-37頁、ニュー・サイエンス社。
　　2007「環状木柱列」『心と信仰―宗教的観念と社会秩序―』縄文時代の考古学11、171-177頁、同成社。
西野秀和ほか
　　1989『金沢市米泉遺跡』石川県立埋蔵文化財センター。
西本寛・高田秀樹・中村俊夫
　　2008「^{14}C年代測定による石川県真脇遺跡出土環状木柱列の年代決定」『名古屋大学加速器質量分析計業績報告書（XIX）』85-89頁、名古屋大学年代測定総合研究センター。
西本寛・中村俊夫
　　2010「真脇遺跡出土環状木柱列の高精度編年― AMS^{14}C年代測定とウイグルマッチング解析―」『石川県能登町真脇遺跡2010』87-98頁、能登町教育委員会。
布尾和史
　　2003「御経塚遺跡における建物跡の検討～北陸縄文晩期集落理解への基礎作業」『御経塚遺跡Ⅲ』391-425頁、野々市町教育委員会。
　　2012「北陸縄文時代晩期の建物跡について―建物類型と集落跡における建物類型の構成―」『石川考古学研究会々誌』第55号、49-58頁。

能城修一・鈴木三男
　　1989「米泉遺跡出土木材の樹種」『金沢市米泉遺跡』263-277頁、石川県立埋蔵文化財センター。
野々市町教育委員会
　　1986『野々市町　押野タチナカ遺跡　押野大塚遺跡』。
羽賀祥二
　　1998『史蹟論　19世紀日本の地域社会と歴史意識』名古屋大学出版会。
橋本澄夫・高橋裕
　　1973『野々市町御経塚遺跡』石川県教育委員会。
濱嶋朗・竹内郁郎・石川晃弘（編）
　　2005『社会学小辞典』新版増補版、有斐閣。
春成秀爾
　　2002『縄文社会論究』塙書房。
　　2013「腰飾り・抜歯と氏族・双分組織」『国立歴史民俗博物館研究報告』第175集、77-128頁。
久田正弘
　　1991「縄文・弥生の土器」『粟田遺跡発掘調査報告書』46-49頁、（社）石川県埋蔵文化財保存協会。
　　2012「石川県を中心とした縄文時代晩期中葉から後葉の土器編年について」『石川考古学研究会々誌』第55号、43-48頁。
久田正弘ほか
　　1988『八田中遺跡』石川県立埋蔵文化財センター。
平口哲夫・高堀勝喜・小島俊彰ほか
　　1979『上山田貝塚』宇ノ気町教育委員会。
平田天秋・木越隆三
　　1977『尾口村尾添遺跡発掘調査報告』石川県教育委員会。
福沢仁之
　　1996「稲作の拡大と気候変動」『季刊考古学』第56号、49-53頁、雄山閣。
藤則雄・平本悦子
　　1982「金沢近郊縄文後～晩期御経塚遺跡の石器圏」『石川考古学研究会々誌』第25号、39-56頁。
藤尾慎一郎
　　2009a「総論　縄文から弥生へ・弥生前史」『弥生文化誕生』弥生時代の考古学2、1-16頁、同成社。
　　2009b「研究の経緯と成果・課題」『縄文・弥生集落遺跡の集成的研究』国立歴史民俗博物館研究報告第149集、1-30頁。

古池　博
　　1986「木柱根その他の木材ならびに大型堅果類の植物学的検討」『金沢市新保本町チカモリ遺跡―第4次発掘調査兼土器編―』金沢市文化財紀要60、203-226頁、金沢市教育委員会・金沢市埋蔵文化財調査委員会・金沢市新保本町第一土地区画整理組合。
増山仁・南久和ほか
　　1985『金沢市東市瀬遺跡』金沢市文化財紀要50、金沢市教育委員会。
増山仁・出越茂和
　　1988『金沢市八日市B遺跡』金沢市文化財紀要71、金沢市教育委員会。
松井　章
　　2010「魚介類の食利用③　サケ・マス論」『人と動物の関わりあい―食料資源と生業圏―』縄文時代の考古学4、104-117頁、同成社。
松木武彦
　　2007『列島創世記』全集日本の歴史第1巻、小学館。
松谷暁子
　　1989「米泉遺跡出土植物遺残」『金沢市米泉遺跡』297-304頁、石川県立埋蔵文化財センター。
水沢教子・菅野智則・山本直人・松井章
　　2013「アメリカワシントン州オゼット遺跡とマッド・ベイ遺跡」『考古学研究』第59巻第4号、109-112頁。
南木睦彦
　　1989「米泉遺跡の大型植物化石」『金沢市米泉遺跡』279-296頁、石川県立埋蔵文化財センター。
南　久和
　　1989「北陸晩期土器様式」『縄文土器大観』4（後期　晩期　続縄文）338-342頁、小学館。
南久和ほか
　　1977『金沢市北塚遺跡』金沢市文化財紀要14、金沢市教育委員会。
　　1983『金沢市新保本町チカモリ遺跡―遺構編―』金沢市文化財紀要34、金沢市教育委員会・金沢市埋蔵文化財調査委員会・金沢市新保本町第一土地区画整理組合。
　　1984『金沢市新保本町チカモリ遺跡―石器編―』金沢市文化財紀要41、金沢市教育委員会・金沢市埋蔵文化財調査委員会・金沢市新保本町第一土地区画整理組合。
　　1986『金沢市新保本町チカモリ遺跡―第4次発掘調査兼土器編―』金沢市文化財紀要60、金沢市教育委員会・金沢市埋蔵文化財調査委員会・金沢市新保本町第一土地区画整理組合。
　　1990『金沢市八日市サカイマツ遺跡』金沢市文化財紀要81、金沢市教育委員会。

宮島喬（編）
　　2003『岩波小辞典　社会学』岩波書店。
宮本一夫
　　2009『農耕の起源を探る』歴史文化ライブラリー276、吉川弘文館。
向井裕知
　　2012「チカモリ遺跡における縄文時代晩期の建物遺構とその年代」『石川考古学研究会々誌』第55号、3-14頁。
森　正夫
　　1982「中国前近代史研究における地域社会の視点」『名古屋大学文学部研究論集』83（史学28）201-223頁。
森正夫（編）
　　1994『旧中国における地域社会の特質』平成2-5（1990-93）年度科学研究費補助金一般研究（A）研究成果報告書。
安英樹・山本直人ほか
　　1997『能登島町通ジゾハナ遺跡』石川県立埋蔵文化財センター。
山崎純男
　　2005「西日本縄文農耕論」『韓・日新石器時代の農耕問題』第6回韓・日新石器時代共同学術大会発表資料集、33-55頁。
山田　治
　　1986「真脇遺跡出土の巨大木柱列の^{14}C年代測定」『石川県能都町　真脇遺跡』33頁、能都町教育委員会・真脇遺跡調査団。
山本直人
　　1983「加賀における縄文時代の網漁について」『北陸の考古学』（『石川考古学研究会々誌』第26号）199-217頁。
　　1985「石川県における打製石斧について」『石川考古学研究会々誌』第28号、35-56頁。
　　1986「石川県における古代中世の網漁業の展開」『石川考古学研究会々誌』第29号、107-126頁。
　　1987「北陸における複式炉出現前段階期の炉」『石川考古学研究会々誌』第30号、41-54頁。
　　1990「清金アガトウ遺跡」『社団法人石川県埋蔵文化財保存協会年報』1、59-60頁。
　　1999「放射性炭素年代測定法による縄文時代の研究」『名古屋大学文学部研究論集』134（史学45）37-54頁。
　　2002a『加速器質量分析放射性炭素年代測定法による縄文時代集落の存続期間に関する研究』平成11・12・13年度科学研究費補助金基盤研究（C）（2）研究成果報告書。

2002b『縄文時代の植物採集活動』渓水社。
　　　2003a「第1章　縄文時代　概説」『野々市町史』資料編1、32頁。
　　　2003b「第2節　扇状地の拠点集落―御経塚遺跡―（4）赤彩・黒彩された縄文土器」『野々市町史』資料編1、75-96頁。
　　　2006「第1節　扇状地のあけぼの　3　御経塚遺跡と地域社会」『野々市町史』通史編、34-47頁。
　　　2007a「東海・北陸における弥生時代の開始年代」『縄文時代から弥生時代へ』新弥生時代のはじまり第2巻、35-44頁、雄山閣。
　　　2007b『文理融合の考古学』高志書院。
　　　2008『縄文時代の植物採集活動』増訂版、渓水社。
山本直人・北野博司ほか
　　　1988『辰口西部遺跡群Ⅰ』石川県立埋蔵文化財センター。
山本直人・高堀勝喜ほか
　　　1983『野々市町御経塚遺跡』野々市町教育委員会。
　　　1986『石川県能都町　真脇遺跡』能都町教育委員会・真脇遺跡発掘調査団。
山本直人ほか
　　　1986『石川県能美市辰口町岩内遺跡発掘調査報告書』石川県立埋蔵文化財センター。
　　　1988『石川県能美郡辰口町岩内遺跡』石川県立埋蔵文化財センター。
山本直人（編）
　　　2005『縄文晩期～弥生中期の地域社会の変容過程』第4回考古学研究会東海例会、第4回考古学研究会東海例会事務局。
横山貴広
　　　2006「第2節　農耕の定着と古墳の出現　2　ムラからクニへ」『野々市町史』通史編、67-74頁。
吉田邦夫
　　　2006「煮炊きして出来た炭化物の同位体分析」『新潟県立歴史博物館研究紀要』第7号、51-58頁。
吉田邦夫・西田泰民
　　　2009「考古科学が探る火炎土器」『火炎土器の国新潟』87-99頁、新潟日報事業社。
吉田　淳
　　　2000『長池キタノハシ遺跡』野々市町教育委員会。
　　　2003a「第1節　手取川扇状地の遺跡」『野々市町史』資料編1、33-42頁。
　　　2003b「第2節　扇状地の拠点集落―御経塚遺跡―（2）集落の構造と遺構」『野々市町史』資料編1、50-58頁。
　　　2003c「第4節　縄文から弥生への転換期」『野々市町史』資料編1、123-128頁。

2006a「第1節　扇状地のあけぼの　4　縄文から弥生へ」『野々市町史』通史編、48-51頁。
　2006b「第2節　農耕の定着と古墳の出現　2　前方後方墳の出現と地域の統合」『野々市町史』通史編、75-80頁。
　2009『御経塚遺跡Ⅳ』野々市町教育委員会。
　2011『御経塚遺跡』野々市市教育委員会。
　2012「真脇遺跡 A 環、チカモリ遺跡 SB 01・03 出土土器の検討」『石川考古学研究会々誌』第 55 号、37-42 頁。

吉田淳・横山貴広
　2001『御経塚シンデン遺跡　御経塚シンデン古墳群』野々市町教育委員会。

吉田　淳ほか
　1989『御経塚遺跡Ⅱ』野々市町教育委員会。
　2003『御経塚遺跡Ⅲ』野々市町教育委員会。

米沢義光
　1989「気屋式土器様式」『縄文土器大観』4（後期　晩期　続縄文）270-272 頁、小学館。

和島誠一
　1966「弥生時代社会の構造」『日本の考古学』Ⅲ、1-30 頁、河出書房新社。

渡辺　仁
　1988a「農耕創始者としての退役狩猟者層　民族誌的情報にもとづく生態学的モデル」『早稲田大学大学院文学研究科紀要』第 33 輯、17-32 頁。
　1988b「農耕化過程に関する土俗考古学的進化的モデル」『古代文化』第 40 巻第 5 号、1-17 頁、古代学協会。
　1990『縄文式階層化社会』人類史叢書 11、六興出版。
　2000『縄文式階層化社会』六一書房。

渡辺　誠
　1973a『縄文時代の漁業』考古学選書 7、雄山閣。
　1973b「埋葬の変遷」『縄文土器と貝塚』古代史発掘 2、140-146 頁、講談社。
　1975『縄文時代の植物食』考古学選書 13、雄山閣。
　1981「編み物用錘具としての自然石の研究」『名古屋大学文学部研究論集』LXXX（史学 27）1-46 頁。
　1983「編布およびカゴ底圧痕について」『野々市町御経塚遺跡』339-346 頁、野々市町教育委員会。
　1986「列島の多様な環境と縄文文化」『火と石と土の語る文化』『週刊朝日百科　日本の歴史』36、73 頁、朝日新聞社。
　1996『よみがえる縄文人』学習研究社。

2000a「縄文研究の新しい動き」『季刊考古学』第73号、14-16頁、雄山閣。
 2000b「人面・土偶装飾付土器の体系」『季刊考古学』第73号、72-76頁、雄山閣。
渡辺誠・梅原猛
 1989『人間の美術1 縄文の神秘』学習研究社。

初 出 一 覧

序章　地域社会研究の目的と方法
第1節「地域社会という用語に関する覚書」『東海縄文論集』21～24頁、2013年。
第2・3節　書きおろし
第1章　打欠石錘の用途と漁労活動
第1節「縄文時代の打欠石錘の用途に関する一考察」『名古屋大学文学部研究論集』170（史学57）19～46頁、2011年。
第2節　書きおろし
第2章　植物質食料と打製石斧からみた生業活動
第1・3節　書きおろし
第2節「縄文時代後・晩期の打製石斧による生産活動」『考古論集（潮見浩先生退官記念論文集）』229～242頁、1993年。
第3章　環状木柱列の年代と機能・用途
第1節「建物からみた手取川扇状地の縄文後晩期社会」『名古屋大学文学部研究論集』173（史学58）113～130頁、2012年。
第2節「環状木柱列からみた縄文時代晩期の地域社会」『名古屋大学文学部研究論集』164（史学55）25～38頁、2009年。
第4章　赤彩土器の発達と外来系土器の移入形態
第1節「御経塚遺跡における縄文土器の彩色と色調」『考古論集（川越哲志先生退官記念論文集）』水野梨恵子と共著、101～116頁、2005年。
第2節「縄文晩期の手取川扇状地における外来系土器の移入形態」『名古屋大学文学部研究論集』176（史学59）61～72頁、2013年。
第5章　後晩期の社会と地域社会
第1節「縄文時代晩期における気候変動と土器型式の変化」『名古屋大学文学部研究論集』167（史学56）59～67頁、2010年。
第2節「御経塚遺跡と地域社会」『野々市町史』通史編、34～47頁、2006年。
第3節　書きおろし
終章　手取川扇状地における縄文時代後晩期の地域社会
第1・2節　書きおろし

　各節に掲載した論文の初出は以上のとおりで、論文によっては大幅なくみかえをおこない、修正をくわえている。なお、「書きおろし」とした節のなかには、すでに発表した論文の一部を抜粋して項としたものもある。

あ と が き

　本書は、拙著『縄文時代の植物採集活動』（渓水社、2002年、2008年増訂版）および『文理融合の考古学』（高志書院、2007年）とともに、縄文時代の地域社会の研究という一貫したテーマのもとで執筆したものである。

　『縄文時代の植物採集活動―野生根茎類食料化の民俗考古学的研究―』では、縄文時代においてもクズやワラビ、ウバユリなどの根茎類からデンプンがとりだされて食料とされていたという前提にたち、筆者自身が民俗調査をおこなって作成した民俗モデルと打製石斧や台石、自然湧水点などの考古資料を比較し、状況証拠からそれらの食料化に関する仮説を構築した。縄文時代の植物採集活動の研究では、渡辺誠氏が1960年代末から80年代にドングリ類やトチノキなどの堅果類の食料化研究をすすめ、その後の課題としてのこされていたクズやワラビ、ウバユリなどの根茎類の食料化研究を筆者や長沢浩昌氏が1990年代に進展させてきた。そして2000年代から本格的にとりくみがはじまった残留デンプン粒分析や土器内面に付着したお焦げの炭素／窒素比分析につなげてきている。

　『文理融合の考古学』では、加速器質量分析法による炭素14年代測定を活用した文理融合研究を発表している。相対年代の土器型式編年では絶対年代が明確でなく、土器型式の時間軸上での位置と時間幅をあきらかにするために、型式の明確な縄文土器に付着した炭化物を試料にAMS炭素14年代測定をおこない、土器型式に較正年代を付与する年代学的研究をすすめてきた。今田高俊氏が「『文理融合』のアプローチをめざして」（今田 1997）を提唱する前年の1996年から研究をはじめ、2002年3月には測定結果を公表し（山本 2002a）、その結果をうけて2003年3月には縄文時代の終焉年代がこれまで考えられていたよりも約400～約500年古くなって紀元前800～900年頃になることと、

北部九州に伝播した水田稲作農耕が北陸まで波及するのに約400～約500年かかったことを推察した（山本 2003a、小田・山本 2003）。

　こうした生業や年代に関する基礎研究をふまえ、本書では地域社会という用語をもちい、それが内包する諸課題を解決して生業形態と社会形態をあきらかにし、手取川扇状地における縄文時代後晩期の地域史を再構成することをこころみたものである。むしろ、縄文時代の地域史や新しい歴史像を再構築するために、地域社会研究に特有かつ縄文時代研究に普遍的な諸課題を解決し、基礎研究をおこなってきた、といった方が正しいのかもしれない。

　資料の調査や分析にあたりましては、先学諸兄や諸機関に便宜をはかっていただき、たいへんお世話になりました。末筆ながら、お名前を明記して心より感謝申しあげます（五十音順、敬称略）。

　市村正則、丑野　毅、小田寛貴、奥野絵美、樫見敦子、上條信彦、北野信彦、工藤雄一郎、小林謙一、佐々木由香、渋谷綾子、谷口宗治、中沢道彦、那須浩郎、新美倫子、布尾和史、水野梨恵子、吉田　淳、渡辺　誠。

　金沢市埋蔵文化財センター、野々市市教育員会、野々市市ふるさと歴史館。

　とりわけ吉田淳氏と谷口宗治氏には資料調査の作業がすすむように配慮していただくとともに、資料についてご教示をいただきました。かさねてお礼申しあげる次第です。

　本書の出版にあたりましては、同成社の佐藤涼子氏にお世話になりました。2012（平成24）年秋の刊行を目標としていながら、忙しさにかまけて原稿の執筆と既出論文の再整理を先おくりにしていた筆者のあとおしをしていただき、なんとか出版にこぎつけることができました。同氏に対して衷心より深謝の意を表します。また、本書の編集を担当していただいた三浦彩子さんにも心より感謝申しあげます。

　　　　2013年6月

　　　　　　　　　　　　　　　　　　　　　　　　　　　山 本 直 人

索　　引

〔事項索引〕

【あ行】
アオザメ　54
アカガシ　57
アサ　57, 172
浅鉢　124-129
網代圧痕　58
編物石　24-25, 44, 50-52
網漁　24, 51-52
編布圧痕　58
アンビ系社会　165, 168
石囲炉　91, 94-95, 161
石川県　11, 17, 30, 42, 66, 98-101, 136, 144, 173, 176
石川縣湖潟内彎水面利用調査報告　24, 28, 44, 53
石川縣水産試験場　28
石川県立歴史博物館　28
イネ　65-66, 163, 172
イネの籾圧痕　58-59, 172
井口Ⅱ式　15-16, 125, 130, 132
井口Ⅱ式期　89, 95, 161
今江潟　28, 53
ウイグルマッチング　114-118
打欠石錘　12, 24-25, 45, 50-53
ウバユリ　64
ウミガメ　54
エゴマ　57-58, 172
エゴマ近似種　57-58
円形建物　87, 100
円形建物跡　83, 87
邑知潟　29, 53
御経塚式　15-16, 127, 130, 137, 158, 162
御経塚式期　89
押野村史　20, 123
オニグルミ　21-22, 57-58, 64

【か行】
遠賀川系土器　135, 145, 147, 163
階層化社会　164, 166
外来系土器　135, 147
カゴ底圧痕　58
加速器質量分析　14, 109
カタクリ属　64
カツラ属　22
金沢平野　175
河北潟　29, 53
亀ヶ岡系土器　135, 137, 141, 147
甕形土器　66, 145
関西地方　161
管状土錘　27, 30-31, 34-36, 44
環状木柱列　12, 53, 82-83, 95, 97-101, 104-105, 107, 109, 111-112, 115-117, 162-163, 165, 167
陥穽漁　53
関東地方　160-161
寒冷化　98, 116-117, 150-159, 163
気候変動　65, 98, 116-117, 150-153, 156-157, 159
亀甲形建物　87
亀甲形建物跡　83, 87
畿内第Ⅰ様式　117, 137, 145
木場潟　28, 53
気屋　15-16, 160, 174
気屋式期　160
球根類　76-77
共同体　8
拠点集落　19, 123, 147, 162, 174
御物石器　10, 172, 176
漁網錘　24-25, 30, 38, 44, 50-52
漁労　172
漁労活動　12, 51
漁労錘　24-25
儀礼　75, 97, 99, 117, 129, 132-133, 162, 172

切目石錘　38, 42, 44
近畿地方　144, 147
クジラ　54
クズ　56, 172
クヌギ　64
クリ　21, 56-57, 63-64, 105, 107
クリ材　103-105
クリ林　21
クルミ　56
経済基盤　11, 77, 172, 174
継承儀礼　141-142, 144, 147
堅果類　56, 172
考古資料　44, 50
較正年代　14-16, 22, 78, 83, 96, 99-100, 114-117, 135-136, 150, 158, 175
敲打技術　172
黒色化　130
黒色化処理　12, 122, 131, 134, 139
黒褐色化　130
骨刀　54
コナラ属　58
木呂川　173
根茎類　56, 63, 76-77, 172

【さ行】
祭祀　129, 162, 172
酒見式　15-16, 21, 94, 124, 132
酒見式期　87, 94-95, 129-130, 161, 174
作物栽培　12, 66, 78, 172
サケ　53, 65, 105
サケ属　53
サケ・マス　52
サケ・マス論　52-53
酸化第二鉄　130
残存デンプン粒分析　56, 63-64
自然科学　11, 56, 64
自然環境　163
自然環境的要因　98, 175
シソ　57, 172
シソ近似種　57
氏族　8, 141-142, 144, 147, 173, 176
死と再生の観念　132, 134, 176
柴山潟　29, 53

柴山出村式　13, 16, 59, 158, 163, 174-175
下野式　15-16, 112-113, 116-117, 124, 129, 132, 158
下野式期　82, 89, 162
社会学　2
社会環境的要因　98, 176
社会形態　11-13, 164
社会統合　97, 99, 176
遮光器土偶　141
宗教　73-74
集団儀礼場　97, 99
集団儀礼用円形囲い地　97, 99
十人川　160, 173
朱顔料　130
首長制社会　165, 168
狩猟　172
樹種同定　21-22, 105
呪術　73-75
呪術者　175
焼骨　54
小地域社会　9, 173
縄文後期　15-16, 158
縄文式階層化社会　6, 54, 166, 168
縄文時代　6, 8-9, 19, 24, 44-45, 51, 122, 132
縄文時代研究　2, 100
縄文時代後晩期　9, 11-13, 20, 22, 53, 56, 67, 123, 132, 168, 173, 176
縄文時代の終焉年代　157
縄文時代晩期　10, 100, 135-137, 159
縄文農耕論　56, 58
縄文晩期　15-16, 136, 158
縄文・弥生移行期　10
植物採集活動　12, 66, 172
植物質食料　12, 56, 66
人為的泥炭層　57
親族集団　8
錘具　24, 53
水洗選別法　56
水田稲作　10-11, 162, 175
水田稲作農耕　11, 65, 117, 162-163, 175
水稲農耕文化　175-176
スギ　21-22
スズキ　54

スダレ状圧痕　58
生活共同体　2, 6-7, 9, 117, 160-161
生業　11, 76-77, 167
生業活動　77, 172
生業形態　11-13, 172
精製土器　137, 139, 141-142
赤彩　12, 123-131, 134, 139
赤彩土器　122, 124-129, 131, 134
赤色顔料　122, 130, 139
赤色硫化水銀　130
石錘　24-25, 27-28, 44
石刀　73-74, 176
石棒　73-74, 172, 176
石冠　10, 176
石剣　73-74, 176
絶対年代　15, 114
走査型電子顕微鏡　58-59
相対年代　111
族長　141-142, 144, 147

【た行】

大地域社会　9, 173
竪穴建物　82, 87, 89, 91, 94, 117-118, 161
炭素安定同位体比　63
炭素14生成率　116, 152, 157, 159
炭素14年代　78, 114
炭素14年代測定　14, 105, 109, 114-115
炭素14暦年較正曲線　116, 152, 157, 159
炭素・窒素安定同位体比分析　56, 59, 65
打製石斧　12, 56, 64, 66-67, 71-73, 75-78
地域史　3-4, 7, 12, 76
地域社会　2-9, 11-13, 117, 136, 147, 159, 161-164, 166-168, 173-175
地下水　122, 168
地下水自噴地帯　173, 175
注口　124-127
注口土器　137, 139
長老　175
通過儀礼　166
壺　66, 127-128
壺形土器　137, 139, 142, 145, 163
底部圧痕　58
手取川　7, 17, 20, 45

手取川扇状地　11-13, 17, 20, 53-54, 56, 65-67, 72, 76-79, 82, 99, 101, 122, 129, 135-137, 141-142, 144-145, 147, 159-160, 162, 164, 166, 168-169, 172-175
デンプン粒　63
東海地方　144
東北地方　82, 139, 141, 162
土器型式　13-16, 78, 83, 100, 111, 150, 157-160, 163, 176
土器型式編年　13, 76, 111, 135-136
土器表面の色調　123-129, 131
土器片錘　38, 42, 44
土偶　176
トチ塚　57
トチノキ　56-58, 63, 172
独鈷石　10, 172, 176
突帯文系土器　135, 142, 144, 147
富山県　98-101, 136, 173, 176
ドングリ類　56, 63, 65, 172

【な行】

長竹式　13, 15-16, 59, 66, 112-113, 116-117, 124, 129, 132, 137, 158, 162
長竹式期　82, 91, 163
中津式　15-16
中屋川　173
中屋式　15-16, 21, 53, 94, 96, 112, 127-128, 132, 137, 140, 158
中屋式期　82, 87, 89, 94
中屋2式　95-96, 98-99
中屋2式期　115, 117
新潟県　82, 101
西日本　11, 161
年輪年代学　116
年輪年代法　112
年齢階梯制社会　164, 166, 175
農業生産力　78
農耕　12
野々市市ふるさと歴史館　22, 53
野々市町ふるさと歴史館　22, 130

【は行】

鉢　124-129

鉢形土器　　137, 139
発掘調査　　11, 76, 79, 101-102
抜歯　　166, 169
抜歯土偶　　170
半族　　166, 169
ヒノキ　　21-22
深鉢　　125-129
深鉢形土器　　137, 139
複式炉　　91
福増川　　173
伏見川　　160
部族　　8-9, 141-142, 144, 147, 173, 175
部族社会　　166, 168-169, 176
蓋　　127-128
文献資料　　44, 50
ベンガラ顔料　　130
扁平円礫打割技法　　72
方形建物　　87
方形建物跡　　83, 87
北部九州　　11, 162-163, 168
北米北西海岸　　97
北陸　　51, 91, 99, 136, 167-168, 176
北陸地方　　123, 150, 157, 162-163, 173
掘立柱建物　　82-83, 87, 89, 91, 94, 98, 117-118, 142, 162

【ま行】
埋蔵文化財　　76
前田式　　15-16
馬替式　　15, 129, 174
馬替式期　　160, 174
マス　　53
マメ　　57, 172
民具資料　　25, 43, 50
民俗学　　44
民俗考古学　　63
民族考古学　　97
もじり編み　　24, 53

【や行】
安原川　　173-174
ヤブツルアズキ　　57, 172

弥生時代　　24, 78
弥生時代前期　　150, 159
弥生時代前期末　　13, 59, 163, 175
弥生時代中期　　163, 168, 172
弥生時代中後期　　22, 175
弥生時代の開始年代　　156-157
弥生前期　　16, 137, 158
ヤマユリ　　63
有溝石錘　　38, 42-43
ユリ属　　64
八日市新保式　　15-16, 101, 126, 137, 158
八日市新保式期　　82, 87, 89, 161

【ら行】
領域　　7, 173
歴史学　　2, 9
歴史事象　　150, 156
礫石錘　　24
暦年較正曲線　　116
レプリカ・セム法　　56, 58

【わ行】
輪島市立歴史民俗資料館　　25
ワパト　　65
ワラビ　　56, 64, 172

【英字・その他】
Accelerator Mass Spectrometry　　14, 109
AMS 炭素 14 年代　　22
AMS 炭素 14 年代測定　　15, 59-60, 78, 96, 116, 176
C3 植物　　63, 65
C/N 比　　59, 63
community　　2, 5-8
local community　　2
local group　　5-6
local society　　2
regional community　　2
regional society　　2
Scanning Electron Microscope　　58
village　　5-6

索　引　197

〔遺跡名索引〕

【あ行】
赤浦遺跡　　45-46, 48, 50
旭遺跡群一塚地区　　161
天池遺跡　　38, 43
粟田遺跡　　65, 72-73, 75, 135, 145, 163
莇生遺跡　　45, 49-50
乾遺跡　　65, 135, 145, 163
岩内遺跡　　72, 74-75, 162
御経塚遺跡　　15, 17, 20, 42-43, 54, 58, 63-65,
　　71, 74, 87, 91, 94, 111, 122, 124, 129,
　　132-135, 142, 161-163, 166, 173-175
御経塚シンデン遺跡　　17, 129, 160-161, 174
押野大塚遺跡　　75, 160
押野オッソ遺跡　　160
押野タチナカ遺跡　　75, 160
尾添遺跡　　42-43

【か行】
笠舞遺跡　　38, 42, 45, 49-50
甲・小寺遺跡　　45-46, 50
上山田貝塚　　42, 45-46, 48, 50, 52
北塚遺跡　　42-43, 45, 49-50, 160
北安田北遺跡　　74, 76
清金アガトウ遺跡　　74, 79

【さ行】
桜町遺跡　　107, 115
下開発遺跡　　71-72
下開発茶臼山古墳群　　43
下福増遺跡　　75
下安原海岸遺跡　　22
下吉谷遺跡　　65
新保本町チカモリ遺跡　　19, 57, 71, 74,
　　100-101, 111-112, 116, 161-162, 173, 175
末松遺跡　　74

【た行】
通ジゾハナ遺跡　　45-46, 50
徳久荒屋遺跡　　71-72, 74

【な行】
長竹遺跡　　71, 74-75, 163
中屋遺跡　　17, 74, 162, 173
中屋サワ遺跡　　15, 17, 57, 64, 96, 137, 141,
　　162, 173, 175
念仏林遺跡　　45-48, 50

【は行】
八田中遺跡　　135, 145
東市瀬遺跡　　45, 48, 50
東町遺跡　　43
藤江Ｃ遺跡　　83

【ま行】
馬替遺跡　　16, 160-161, 174
真脇遺跡　　45, 50, 100, 103, 109, 111-113, 114,
　　116-117
三日市Ａ遺跡　　58, 163
三引遺跡　　45-46, 50

【や行】
八日市サカイマツ遺跡　　74
八日市地方遺跡　　15
八日市新保遺跡　　101
八日市Ｂ遺跡　　75
米泉遺跡　　19, 21, 53-54, 57, 64, 74, 94, 100,
　　105, 111, 115, 161-162, 173-175

【わ行】
和田山下遺跡　　75

〔人名索引〕

【あ行】
浅香年木　　3, 20, 78
市村正規　　22, 53
市村正則　　53
今村峯雄　　65, 98, 116, 152-154, 156-157, 159
丑野　毅　　59
岡本恭一　　72, 145
奥野絵美　　57-58
小田寛貴　　15

【か行】
樫見敦子　58
加藤三千雄　111
金関　恕　170
金山弘明　79
鐘ヶ江賢二　130
上條信彦　64
北野信彦　130
木村勝彦　116
工藤雄一郎　59-60, 118
河野広道　132
甲元眞之　150, 154-156
小林謙一　15, 96, 119
小林正史　130
クローエス, D.　65

【さ行】
佐々木高明　133, 165
佐々木由香　58
佐原　眞　170
渋谷綾子　64
鈴木三男　21-22

【た行】
高田秀樹　101, 111-113
高堀勝喜　9, 13, 22, 52, 98
田中良之　8-9, 133, 136, 147, 166, 169
谷口宗治　57
谷口康浩　7, 165
都出比呂志　170
坪井清足　10

【な行】
中沢道彦　170
中村俊夫　109, 114

長沢宏昌　63
那須浩郎　58
西田泰民　63, 65
西野秀和　13, 94, 98, 101, 111-112, 137
西本　寛　114
布尾和史　82-83, 94-95, 97, 130
能城修一　21

【は行】
春成秀爾　166, 169
久田正弘　13, 113, 140, 142, 144-145
平口哲夫　52
藤　則雄　72
藤尾慎一郎　154, 157

【ま行】
松木武彦　169
水野梨恵子　122
南　久和　13
宮本一夫　151, 156
向井裕知　112
森　正夫　4, 9

【や行】
山崎純男　58
吉田邦夫　63, 65
吉田　淳　13, 22, 59, 82, 87, 89, 91, 94-97, 99, 112-113, 117-118, 123, 140, 142, 144
四柳嘉章　42
米沢義光　13

【わ行】
和島誠一　10
渡辺　仁　5, 97, 133, 164, 166-168
渡辺　誠　25, 44, 50-51, 133, 164, 166

縄文時代の生業と社会

■著者略歴■
山本　直人（やまもと　なおと）
1957 年　石川県生まれ
1980 年　広島大学文学部史学科卒業
1982 年　名古屋大学大学院文学研究科博士課程前期修了
1984 年　石川県立埋蔵文化財センター主事
1990 年　名古屋大学文学部講師
2002 年　博士（文学）：広島大学
現　在　名古屋大学大学院文学研究科教授
著　書　『縄文時代の植物採集活動』
　　　　（溪水社、2002 年、増訂版 2008 年）
　　　　『文理融合の考古学』（高志書院、2007 年）

2013 年 11 月 15 日発行

著　者　山　本　直　人
発行者　山　脇　洋　亮
印　刷　㈱熊　谷　印　刷
製　本　協　栄　製　本 ㈱

発行所　東京都千代田区飯田橋4-4-8　㈱同　成　社
　　　　（〒102－0072）東京中央ビル
　　　　TEL 03-3239-1467　振替 00140-0-20618

© Yamamoto Naoto 2013. Printed in Japan
ISBN978-4-88621-651-9 C3021